女医が教える

大人の性の教科書

ちえこ
ママ女医

日東書院

はじめに

1回断られたきり、パートナーとしばらくご無沙汰。

痛くて気が進まない、そもそも気持ちよくない、興味がない——。

実は、様々な理由で、日本人のセックスレス※は大幅に増加しています。

40代以下の夫婦でも、約半数がセックスレスというデータ※も発表されています。

中高年のセックスレスはさらに深刻であるといわれています。

でも、この本を手に取られたあなたは、「このまま女として or 男として、終わってしまいたくない！」、「今まで以上に自分の体と性を楽しみたい」、

「セックスレスを解消して、セックスを通じてパートナーとの絆をもっと深めたい」といった思いをお持ちなのではないでしょうか？

私は現役産婦人科医師として、ＹｏｕＴｕｂｅを通じて、みなさまに性や女性の体についての知識、そして人生１００年時代をよりよく生きるための情報を発信している、ママ女医ちえこと申します。

おかげさまで、チャンネル登録者は15万人を超えるほどになっております。

普段は婦人科クリニックの院長として外来業務をしているのですが、そんな中で、中高年の女性から、「久々にできた若いパートナーとセックスをしたら出血しちゃって、心配で来ました」という声や、「セックスをしたらヒリヒリとした痛みを感じるけど、何かの病気なんでしょうか？」といったお悩みの相談を受けることがあります。

中高年に差し掛かると、私たちの体、心、そして関係性は目に見えて変化しはじめます。

※セックスレスとは：特別な事情がないにもかかわらず、カップルの合意した性交あるいはセクシュアル・コンタクトが1ヶ月以上なく、その後も長期にわたることが予想される場合（1994年日本性科学会により定義）
※出典：一般社団法人日本家族計画協会「【ジェクス】ジャパン・セックスサーベイ2024」

その中でも、性についての感じ方や考え方が変わっていくのは自然なことですが、この変化をどのように受け入れ、理解し、そして楽しむかは一人ひとり異なります。

しかし、多くの場合、性に関する疑問や不安は、恥ずかしさが先に立ってしまい、なかなか相談しにくいため、婦人科外来で相談してくださる方もいらっしゃいますが、表立って声に出しにくいという方も少なくないと思います。

中高年の性生活は、本来は非常に豊かなものになりえます。

でも、そのことは忙しい現代社会のなかで、忘れられがちです。

この本では、中高年が直面する性に関する一般的な悩みや課題に焦点を当て、それらにどのように対処し、さらにはそれらを楽しむ方法をお伝えします。

この本で私が最も伝えたいことは、性について話すことは恥ずかしいことではないということ。

正しい知識を持って、パートナーと健康的でオープンに話し合うことで、より豊かで充実した性生活を楽しむことができます。

性は人間の基本的な部分であり、年齢を重ねるにつれて変化するのは自然な過程です。

産婦人科医として、この本を通じて、正しい知識と性に関するオープンなコミュニケーションのコツを、読者の皆様にお伝えしていきたいと思います。

あなたがもし、加齢とともに変化する体や感情、パートナーシップに戸惑い、不安を感じているなら、ぜひこの本を読み進めていただきたいと思います。

ここからはじまる旅は、新しい自分を発見する旅です。

性は年齢を重ねるごとに色あせるものではなく、変化し、深まり、そして新しい意味を持てるものです。

この本を通じて、あなた自身の性生活を再発見し、豊かな喜びを見出す旅に出かけましょう。

女医が教える 大人の性の教科書　目次

第2章

性の知識もアップデートが必要

第3章 性的コミュニケーション 067

第4章 セルフプレジャー実践 083

第5章 女医が男性に伝えたい性のこと 095

第6章

挿入にとらわれないセックス 113

第7章 もっと気持ちいいセックス 141

第8章

性を自分のものとして楽しむために 167

第1章

もう一度、セックスを楽しむ

幸福のセックス

日本人のセックス離れが深刻です。

コンドームメーカー「ジェクス」が全国の満20歳から69歳までの男女5029人に行った大規模な調査「ジャパン・セックスサーベイ2020」によると、成人男性の41・1%、女性の49・5%もの人々が、この一年間まったくセックスを行っていないと答えています。

しかも、セックスレスは男女ともに年齢が上がるほど深刻になり、50代のカップルになると70~80%はセックスレスであることがわかっています。さらに日本人のセックスレス化は年々、悪化しています。

もちろん、セックスをしたくないのに、無理にする必要はありません。

しかし、**医師としてお伝えしておくと、ミドルエイジ以上の年齢であっても、セックスをすることは心身の健康にとって「とてもいい」ことです。**

アメリカで28歳から84歳の女性２１１６名を対象に行われた調査によると、結婚しているか同棲している60代以上の女性のほぼ60％が性的に活発で、30代や40代の女性と同じくらい性生活に満足していることがわかっています。[※] また、高齢になっても満足のいく性生活を維持する女性は、幸福度も高いと報告している研究が複数あります。[※]

日本人のセックス離れが進んでいる一方で、**諸外国ではミドルエイジ以上の方もずっと性生活を楽しんでいて、そういう人ほど幸福度が高い**ことが示されています。

もしあなたも今の生活にどことなく不満を覚えたり、幸せがあまり感じられないとしたら、もしかすると原因のひとつは性生活にあるかもしれません。**あなたも、人生を楽しく**

幸せなものにするために、もっとセックスを楽しんでみませんか？　産婦人科医として、本書を通じて、なかなか相談しにくいセックスの悩みを解決して、より深く楽しむための正しい知識をお伝えしていきたいと思います。

まず、セックスすることのメリットについて詳しくお伝えする前に、**本書の「セックス」の定義**について触れておきます。一般的には「セックス」というと男性の挿入や射精を伴う行為を指しますが、この本では定義をもっと広くとり、**「触れ合いを含む性的なコミュニケーション」**とさせてください。というのも、あとで詳しく解説するように、挿入や射精にこだわることは男女ともにデメリットも多いからです。

さて、そんな広義のセックスですが、まず**セックスそのものに健康増進効果があります。しかも、「幸せホルモン」とも呼ばれ、幸福感を高めるとも言われているオキシトシンやセロトニンの分泌をうながすなど、心の健康にも寄与する**のがセックスです。

ミドルエイジに訪れる更年期では、女性の場合は女性ホルモンが低下します。また、男性も男性ホルモンが低下することにより体調不良に陥ることがあります。具体的には、男女とも気分が落ち込む抑うつ症状といった心の不調のほか、ほてりやのぼせ、発汗、倦怠《けんたい》感、頭痛など体の不調が出ることがあります。しかし、幸せホルモンにはその状態を反転させ、気分を持ち上げてくれたり、快眠をサポートする効果があります。

またそればかりではなく、ミドルエイジ以上の人々にとっては、**セックスを楽しめているかどうかは、心身が健康であることのバロメーターにもなります。**生活習慣病を患っていたり、うつ状態にあったりすると、

- 女性器が濡れない
- 男性器が勃起しない
- 性への意欲がわかない

など、セックスができなくなってしまうケースが少なくないためです。セックスと健康は、強く関係があるのです。

セックスには健康上のメリットがある

セックスは、繊細な女性の体を若々しく保ってくれます。

セックスがミドルエイジの心身にプラスの効果をもたらすことを示す研究は、実はたくさんあります。

アメリカの研究によると、週1回以上セックスをしている人は、回数が年間0～1回の人と比較して死亡率がなんと49％も低く、心臓病が21％少ないことがわかりました。※また、定期的にセックスをしている人は、癌による死亡率が69％も低いというデータもあります。

セックスが健康に寄与する理由の一つとしては、セックスが一種の運動であることが挙げられます。**適度な運動としてのセックスは心不全を予防し、ミドルエイジの大敵である血圧を下げ、ストレスを軽減し、さらには睡眠の質を改善することに役立つ**ことが研究で示されています。※

それだけではありません。セックスはメンタルや脳にもいいことがわかっています。心地よいセックスによって分泌されるオキシトシンには、ストレスや不安を和らげる効果があります。※**セックスをしている人は幸福度が高かったり、抑うつレベルが低かったり、自殺率が低かったりするのは、オキシトシンの分泌が影響している**と考えられます。ちなみに、オキシトシンには美肌・美髪効果もありますから、「セックスで綺麗になる」という話は、医学的にもあながち嘘とは言い切れません。

男性の場合は定期的に射精することで高齢男性に多い前立腺がんが予防できるという

データもあります。※

さらには、オックスフォード大学などによる2016年の研究によると、**定期的にセックスをすることは、一部の記憶力など認知機能を高める効果がある**とわかっています。セックスはそんなところにも「効く」のです。※

ちなみにセックスだけでなくセルフプレジャー（マスターベーション）やパートナーとのスキンシップによって幸せホルモン（オキシトシンやセロトニン）が分泌されると、肌や髪に艶が出たり活力がアップしたりすることも知られています。

加齢に伴う体の変化

女性の膣は歳を重ねるとともに萎縮と呼ばれる変化が起こり、粘膜が薄くなって傷つきやすくなったり、弾力が失われたり、潤いが失われて乾燥しやすくなっていきますが、性を楽しむ習慣があると潤いを保ちやすく、こうした変化が抑えられることが知られています。

また、**骨盤の底を覆う「骨盤底筋」という筋肉は出産や老化などに伴って弾力と支持性を失っていきます。**するとセックスの満足度が低くなったり、日常でも尿漏れや便秘など

健康的な暮らしを保つために重要な「骨盤底筋」

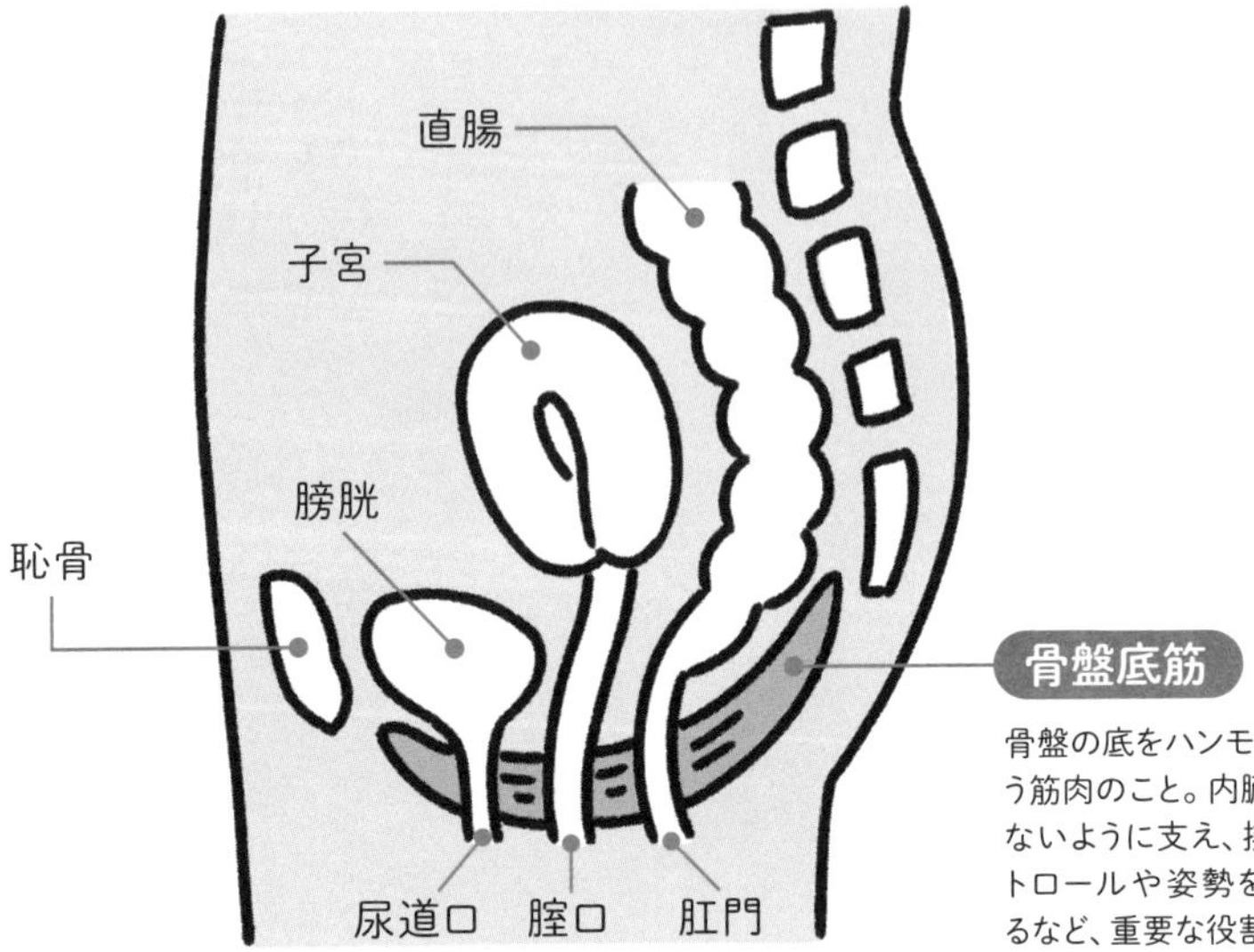

骨盤の底をハンモック状に覆う筋肉のこと。内臓が下がらないように支え、排泄のコントロールや姿勢を安定させるなど、重要な役割がある

に悩まされたりすることが増えるのですが、この筋肉をトレーニングによって鍛えると性生活でも日常生活でも悩みが減っていくでしょう。他にも、冷え性の改善や、卵巣機能が向上しホルモンバランスが整うなど、様々な効果が期待できます。骨盤底筋トレーニングのやり方は、P173以降で解説します。

そして、男女を問わず、ある程度の年齢になると、しばしばメタボリックシンドロームなどによる動脈硬化が見られます。つまり歳を重ねるにつれ血管が老化していくんですね。実は血管の状態が、男性の勃起力と密接な関係があることをご存じでしょうか。

男性の陰茎（ペニス）には、海綿体と呼ばれる血液をためるスポンジのような組織があります。勃起は、海綿体に血液が集まること

（セックス経験者のうち）特定の相手に限らず、この1年間のおよそのセックス回数について教えてください

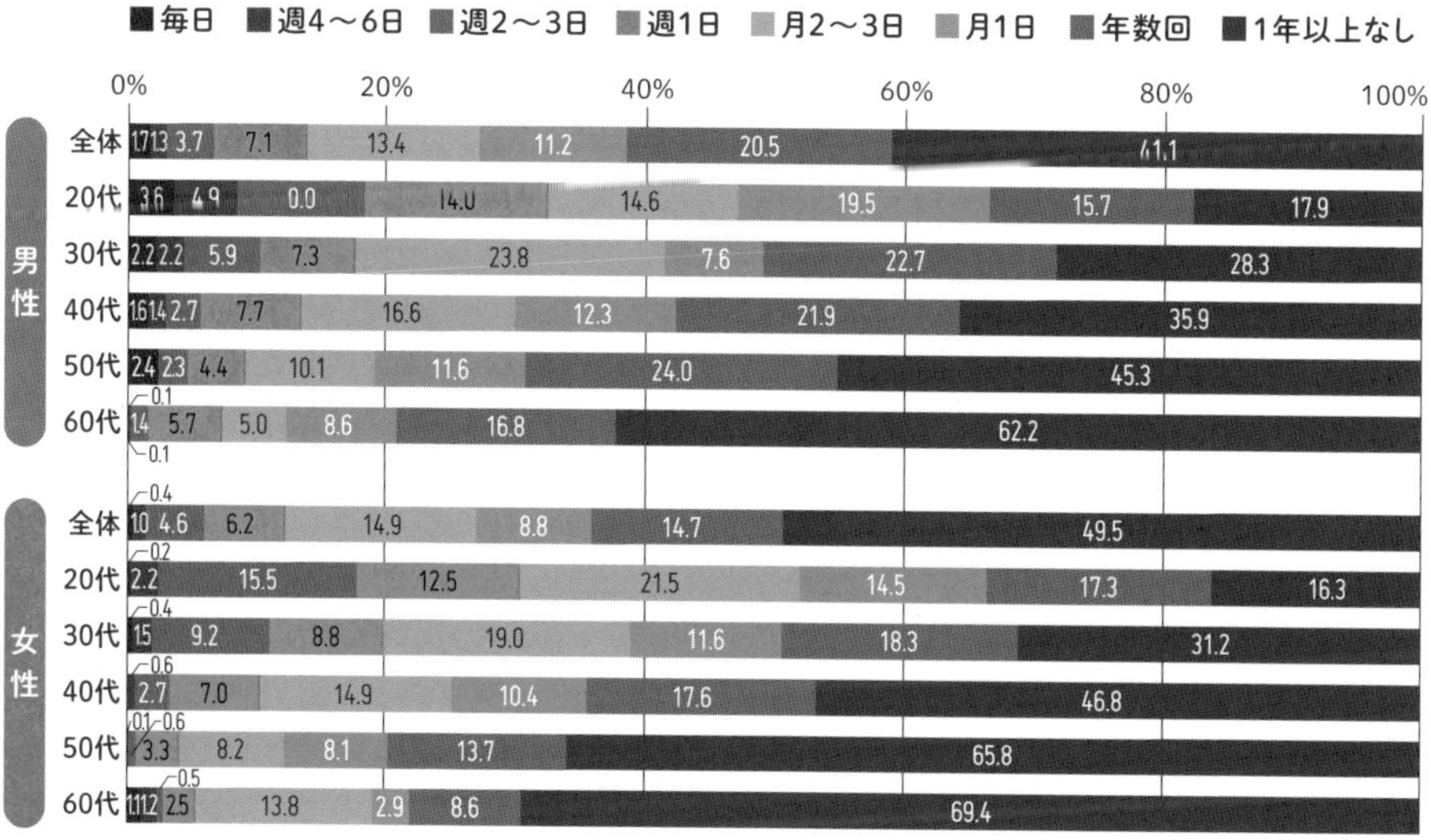

出典：一般社団法人日本家族計画協会「【ジェクス】ジャパン・セックスサーベイ2020」

によって起こるのですが、動脈硬化など血管の衰えがあると海綿体に血液をうまく送れなくなるのです。

実際、望み通りに勃起しないED（勃起障害）の大きな要因の一つは血管の老化であることがわかっています。パートナー、あるいは読者のみなさんにEDの症状が見られる場合、その原因は血管の老化かもしれません。

要するに、**セックスはミドルエイジの心身の健康に良く、逆に、心地よいセックスができることは心身が健康である証でもある**、ということです。

これまで日本ではタブー視されてきた「性」ですが、こんなにもメリットがあるのですから、正しい知識を糧にして、性を大いに楽しんでください。

女性のセックスレスの原因は？

このようにいいことずくめのセックスですが、前出の調査にもあったように、40代以上のミドルエイジ層では、セックスレス状態にある人の方が定期的にセックスをしている人よりも多く、1年以上セックスしていない人に「どれくらい前からセックスレスですか？」と質問した結果、女性は平均9・6年、男性は平均8・7年もの間、セックスからご無沙汰であることがわかりました。

しかも、婚姻関係にあるカップルのセックスレスは年々増加しています。2004年の時点ではセックスレスのカップルは31・9％だったのに、2020年には50％を超えているのです。

では、なぜこんなにセックスレスが増えてしまったのでしょうか？

まず、女性側から見ていきましょう。**女性にとってのセックスレスの二大要因**と言われているのが、**「セックスが楽しめない」「痛い」**という理由です。女性の6割以上が感じて

婚姻関係にあるカップルで進むセックスレス化

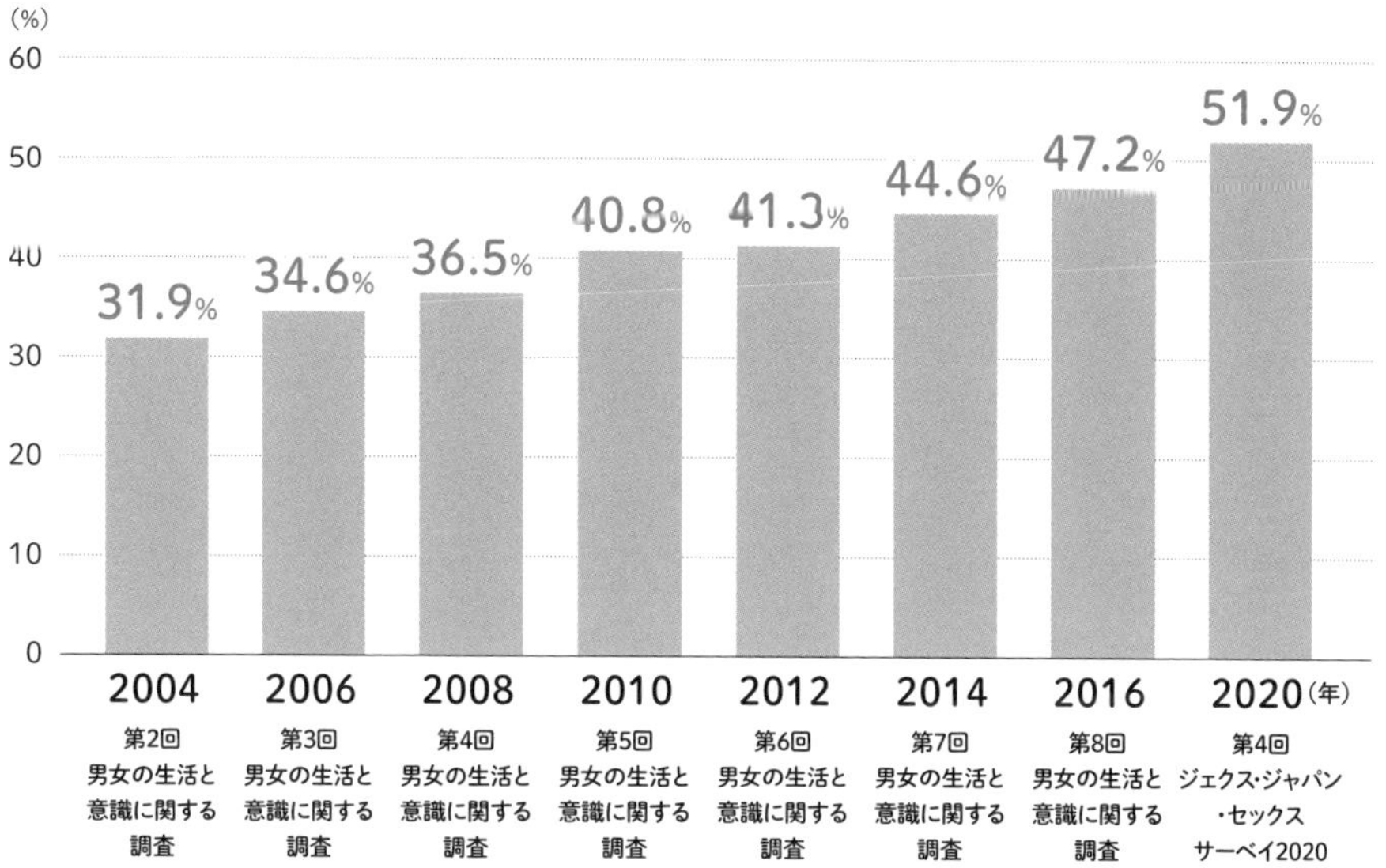
(%)
60
50
40
30
20
10
0
31.9%
34.6%
36.5%
40.8%
41.3%
44.6%
47.2%
51.9%
2004
2006
2008
2010
2012
2014
2016
2020（年）
第2回 男女の生活と意識に関する調査
第3回 男女の生活と意識に関する調査
第4回 男女の生活と意識に関する調査
第5回 男女の生活と意識に関する調査
第6回 男女の生活と意識に関する調査
第7回 男女の生活と意識に関する調査
第8回 男女の生活と意識に関する調査
第4回 ジェクス・ジャパン・セックスサーベイ2020

出典：一般社団法人日本家族計画協会「男女の生活と意識に関する調査」2004,2006,2008,2010,2012,2014,2016：調査対象は16歳から49歳の男女
第4回ジェクス・ジャパン・セックスサーベイ2020: 調査対象は20歳から49歳の男女

いるというデータがありますが、実際、私のところに来院される患者さんにもセックスでの痛み（性交痛）を訴える方は多くいらっしゃいます。

痛みの要因にはいろいろあり、大きいものとしては潤いの不足や、男性側の強引な挿入などが挙げられます。中には、婦人科系の病気が原因となっている場合もありえます。

さらには、繊細な女性の心身のコンディションは妊娠や出産や育児などのライフイベント、あるいは、月経周期によるホルモン変化や更年期、閉経などを機に、セックスに距離を置きたくなる方もいるでしょう。

あまりにセックスレス期間が長く深刻なカップルに対しては、セックスカウンセリングを実施している病院やクリニックをおすす

性交痛が生じやすいポイント

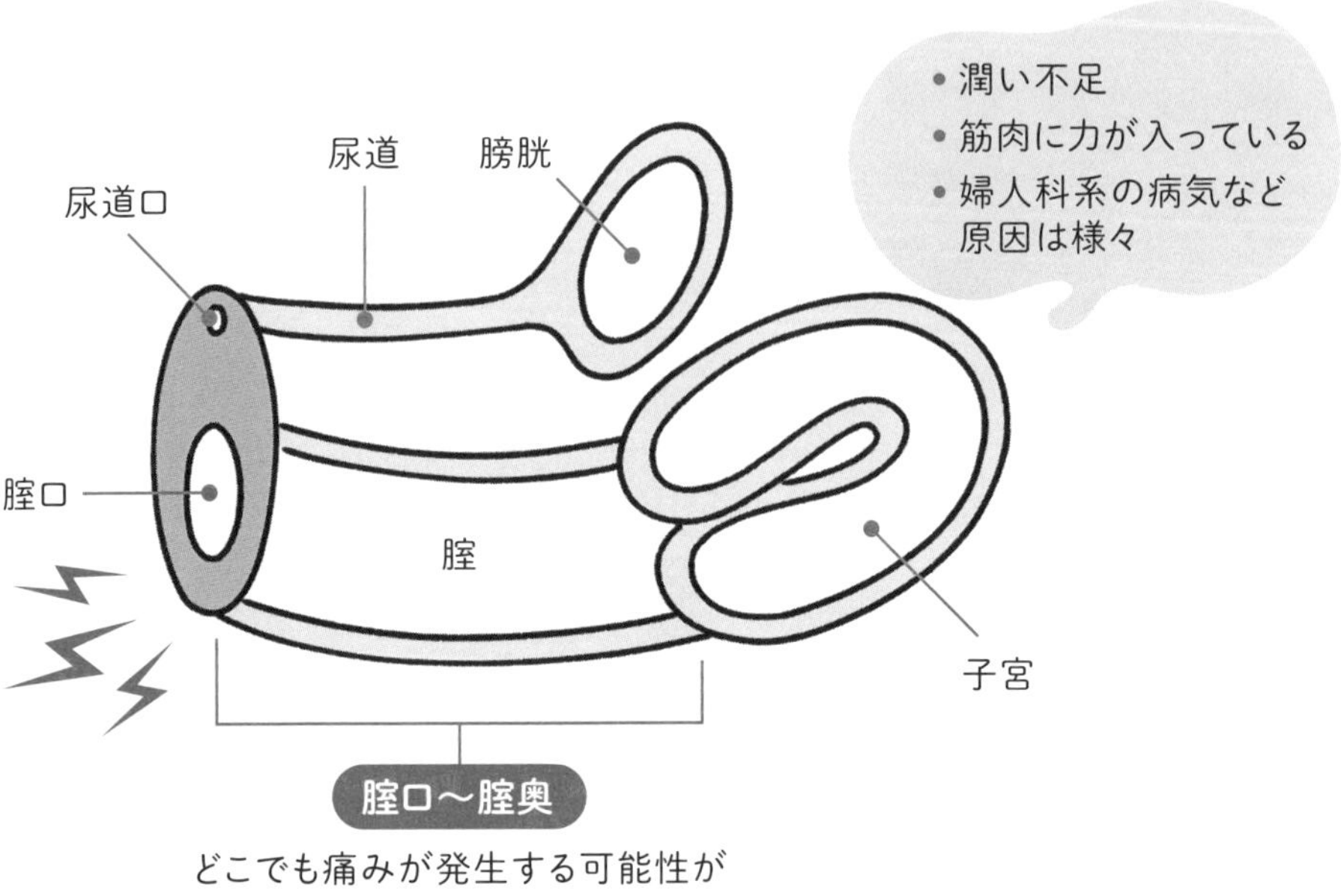
潤い不足
筋肉に力が入っている
婦人科系の病気など
原因は様々
尿道
膀胱
尿道口
腟口
腟
子宮
腟口〜腟奥
どこでも痛みが発生する可能性が

めします。ただ、大都市部に集中しているため、誰もがアクセスしやすい存在ではありません。興味がある方は日本性科学会のHPに掲載されている「資格認定制度」内の「セックスカウンセラー・セラピスト」のページをチェックしてみてください。

このようにセックスレスの要因は複数考えられますが、そういった要因の中には解決が可能なものも少なくありません。例えば先のデータを見る限り、性交痛を解消できれば、ふたたびセックスを楽しめるカップルが増えるということでもあります。性交痛の多くは改善できます。その方法ものちほどお伝えしましょう。

男性のセックスレスの二大要因

男性のセックスレスの二大要因は、「プライド」となんといっても「ＥＤ」です。

「プライド」についてでは、妻やパートナーにセックスを断られたり、相手の女性がオーガズムに達しなかったことで自信を失い、それ以降はセックスに誘いにくくなった……という話をよく聞きます。

潤滑剤を使うなどして解決できる要因もあるのですが、そこに手を付けていない結果セックスレスの状態が定着してしまっているのかもしれません。すると、ますますセックスを再開しづらくなってしまいます。

したがって、もし読者が男性ならば、ぜひこの本を読んで**女性にとってのセックスの実態や仕組み**を知ってください。知識が武器となって、ふたたびセックスを楽しめるようになるかもしれません。

男性側のもう一つの大きな要因はやはりＥＤです。ＥＤは歳を重ねるとともに増加します。ジェクス・ジャパン・セックスサーベイ２０２０の調査結果を見ると、50代男性の2割以上、60代の3割以上が「勃起しづらい／できない」と答えているように、ミドルエイジ男性にとってＥＤがとても身近な症状であることがわかります。

いつまでも性を楽しむ

ミドルエイジの女性にとっての大きな変化が、妊娠能力を失う「閉経」です。

閉経はおおむね50歳前後に起こる人が多いですが、閉経の前後5年、計約10年間の女性の心身には主に**女性ホルモンであるエストロゲンの急低下によっていろいろな「更年期症状」が起こります。**「ホットフラッシュ」と呼ばれるほてりや、発汗、疲労感、不眠、動悸、体の痛み、月経周期が不安定になるなどの身体症状のほか、不安や抑うつなどのメンタル面の症状もあります。**これらの症状が重く、日常生活に支障を来すような状態を「更年期障害」と言います。**

女性の妊娠能力は年齢とともに徐々に落ちていきますが、閉経の少し前までは残ります。

しかし閉経とともに、少なくとも「子どもをつくるためのセックス」とは縁が切れるため、そのタイミングでセックスをしなくなる女性が多くいます。

それは、女性にとってのセックスは、男性にとってのセックスよりも代替しやすいことも影響しています。セックスで得られる安心感や幸福感に近い感覚は、友人との付き合いや趣味など他の方法でもある程度手に入る場合があるため、セックスから離れてしまうのです。

しかし、それは一つの側面にすぎません。女性が年齢関係なくセックスを楽しめることを示唆する情報もあります。

「男性は歳とともに性欲が落ちるが、女性は逆に上がっていく」「女性が一番セックスを楽しめるのは60代」といった話を聞いたことがあるかもしれません。

こういった説にはまだ医学的根拠はありません。アメリカのとあるメディアがＷＥＢ上でとったアンケートを根拠としているのも見かけますが、あまり正確なデータとはいえません。

しかし、完全に誤りだとも断定できません。

女性は歳を重ねるにつれ女性ホルモンの分泌量がだんだんと下がってきますが、いっぽうで、男性ホルモンとも呼ばれる「テストステロン」の分泌量はあまり下がりません（女性でもテストステロンは分泌されています）。つまり、**相対的にテストステロンの影響が強くなる**のです。そしてテストステロンは性欲とも関係していますから、ひょっとすると、その影響で歳を重ねた女性の性欲が強くなることもあるかもしれません。

しかし、様々な要因で、全体としては加齢とともにセックス離れが進んでしまうのでしょう。

一つ確実に言えることは、**閉経後の女性も大いにセックスを楽しめる**ということです。性への関心があるならば、人生を豊かにしてくれるセックスを捨てる必要はまったくありません。

若いころと比べ、心身の変化や戸惑いを感じることもあるかもしれませんが、いずれも知識を身に着けることや具体的な対策によって、改善できるのです。

性知識の格差が大きいミドルエイジ

私が医師としていろいろな世代の患者さんと接していて感じるのは、**ミドルエイジ以上の方は、若い方よりも性の知識の格差が大きい**ということです。きちんと学んでいる人も多いですが、そうでない方も少なくありません。

理由はいくつか考えられます。性教育が今ほど盛んではなかったことや、若いころはインターネットが普及しておらず性の知識を得るルートが限られていたことなどが挙げられるでしょう。

さらには、世代として性についてオープンに語れる雰囲気がなかったせいもあるかもしれません。それは特に女性に顕著です。「性についてオープンに語ることははしたない」という空気が残っていた時代に育った女性には、性の知識が十分でない方も見かけます。

例えば、「性器にできものができた」といらっしゃる女性の患者さんがよくいます。しかし、話しているうちに「自分で自分の性器をちゃんと見たことがないんです……」とおっしゃる方が少なくありません。

今の若い女性なら、ＶＩＯ脱毛（デリケートゾーンの脱毛）などが広まったこともあり、自分の性器を見たことがない方は比較的少数派ですが、ミドルエイジ以上だと自分で見ることにも抵抗がある方が多い印象があります。

また、**避妊や性感染症の知識、セルフプレジャー（マスターベーション）の道具などは年々アップデートされています。**

今は女性向けのセルフプレジャーアイテムがたくさん作られていることをご存じでしょうか？　モデルの水原希子さんによるプロデュースが話題になった「ｉｒｏｈａ」など、あか抜けたアイテムがいろいろと作られています。これまで性の情報から遠ざけられてきた女性の中には、びっくりする方もいらっしゃるでしょう。時代の変化とともに、女性も自らの性をオープンに楽しめるようになりつつあります。

男性にも多い性の誤解

同世代間で性の知識の格差が大きいのは、男性も同様です。若いころに保健体育の授業で「精通・射精」や「女性には生理があるらしい」と教わった以外には性の知識を得るルートが、いわゆる「エロ本」や「ＡＶ《アダルトビデオ》」くらいしかなかったせいか、**性の知識が非常に偏ってしまっている方**を多く見かけます。ＡＶに出演している女優さんの反応はあくまで演技。ＡＶをお手本にしているばかりに、**間違ったセックス**に走ってしまうケースは非常に多いです。「自分は性の知識には自信があるぞ」という男性ほど要注意です。女性がセックスのときに何を考え、どう感じているかは、男性が思っているのとは大いに違っていることがあります。

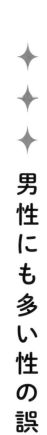

こうした性の「すれ違い」も、セックスレスの原因になります。こうしたすれ違いや不満を解決して、性生活を楽しく充実したものにするにはどうしたらいいでしょうか？

第2章では、セックスを楽しみたいミドルエイジに向けて、改めて性の基礎知識をご説明します。

「なんだ、基礎知識か」とあなどってはいけません。性の情報が少ない時代に育った世代によっては、びっくりするような知識がたくさんあるはずです。

第2章

性の知識もアップデートが必要

性感帯はたくさんある

まず、細かい体の作りの話をする前に知っておいてほしいことがあります。それは、**セックスに求めるものは、男女でまったく違う**ということ。

ジェクス・ジャパン・セックスサーベイ2020に、男女別にセックスの目的を尋ねた質問があります。男性は「性的な快楽のため」がトップで、「愛情の表現」「ふれあい」がそれに続きますが、女性では「愛情の表現」がトップで、そこに「ふれあい」「相手に求められるから」が続きます。

つまり、**男性は性的快楽のためにセックスをするのに対し、女性は愛情を求めてセックスをする**傾向があるということです。

ですから、男女問わず、異性をセックスに誘う場合には、この違いを念頭に置いておくといいですね。ただし、**女性がセックスに必ずしも性的快楽を求めていないわけではない**ということには注意が必要です。日本だけではなく世界的にも、男性がセックス願望について公然と話すことが許されてきたのに比べ、女性が自分のセクシュアリティを表現する

セックスの目的

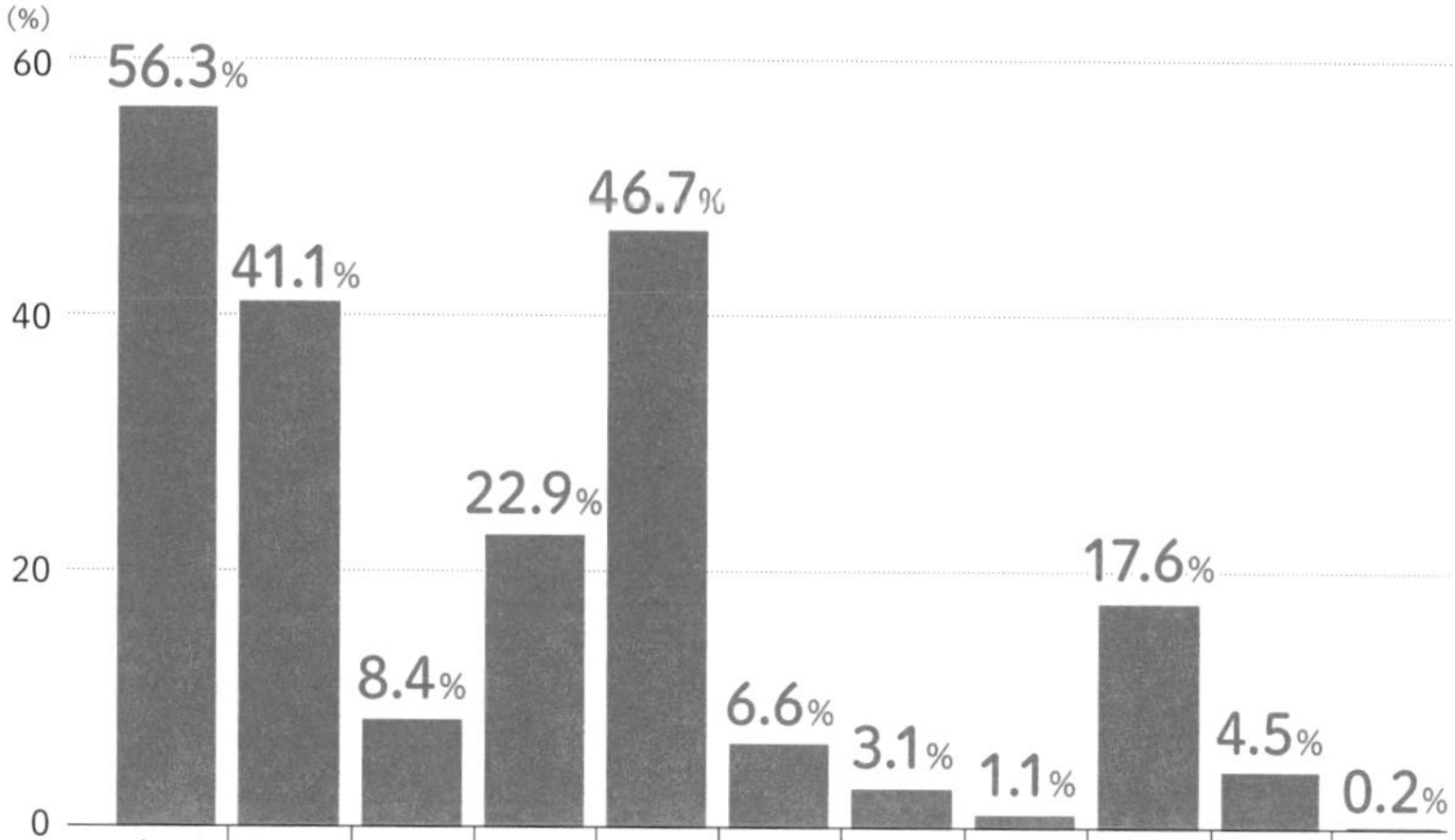

n=30以上で
- 全体+10pt以上
- 全体+5pt以上
- 全体−5pt以下
- 全体−10pt以下

			愛情を表現するため	ふれあい（コミュニケーション）のため	安らぐから	子どもが欲しいから	性的な快楽のため	ストレスを解消するため	義務だから	相手を征服したいから	相手に求められるから	なんとなく	その他
全体		4,410	56.3	41.1	8.4	22.9	46.7	6.6	3.1	1.1	17.6	4.5	0.2
性別	男性	2,163	56.5	37.1	8.7	19.7	69.8	9.4	0.5	1.7	7.0	3.3	0.2
	女性	2,247	56.1	45.1	8.2	26.0	24.4	3.8	5.6	0.5	27.8	5.6	0.2
性年代別	男性	2,163	56.5	37.1	8.7	19.7	69.8	9.4	0.5	1.7	7.0	3.3	0.2
	20代	242	60.1	38.5	10.3	7.3	60.2	11.5	—	3.4	15.2	6.6	0.3
	30代	396	46.4	37.7	8.3	20.9	70.6	10.7	0.3	1.4	8.7	3.8	—
	40代	526	54.7	39.9	9.9	15.3	72.9	10.7	0.3	1.2	6.4	3.4	0.5
	50代	456	59.0	33.2	8.3	20.5	70.2	9.2	0.3	1.3	3.4	2.6	—
	60代	543	61.7	36.5	7.4	28.0	70.2	6.7	0.9	1.9	5.8	2.1	0.1
	女性	2,247	56.1	45.1	8.2	26.0	24.4	3.8	5.6	0.5	27.8	5.6	0.2
	20代	284	66.7	37.7	8.5	20.0	31.0	6.6	4.7	1.1	29.3	4.8	—
	30代	418	57.2	50.4	7.2	36.6	24.2	6.6	0.8	0.3	24.4	5.2	0.2
	40代	536	49.0	48.6	5.2	19.4	32.3	3.3	6.5	0.1	24.7	8.6	0.1
	50代	459	60.6	38.4	6.7	25.6	20.8	3.2	7.3	—	28.6	4.7	0.4
	60代	550	53.0	46.8	12.9	28.0	16.4	1.3	7.5	0.9	32.1	3.9	0.3

出典：一般社団法人日本家族計画協会「【ジェクス】ジャパン・セックスサーベイ2020」

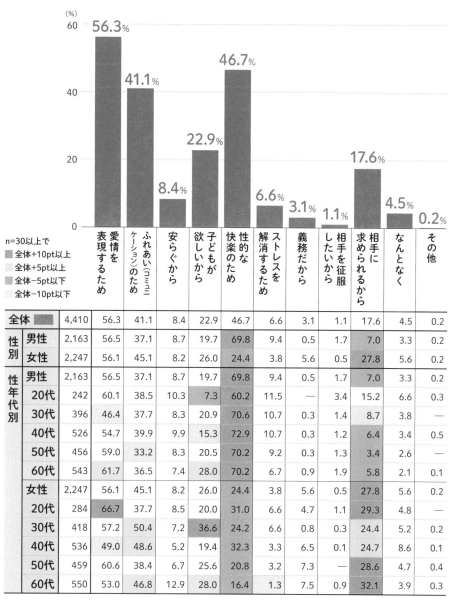

ことには否定的な風潮が昔からあります。

実際に、２００３年の研究※では、実験者が参加者の反応を潜在的に確認できる条件下では、社会的規範に影響された回答をすることがわかっています。また、匿名条件であったとしても中程度の影響を受けていました。そのため、性行動についてのアンケートでは、女性の回答が規範意識に左右されやすい面があります。つまり、周囲の人の行動から一定のルールの存在を推測し、それに従おうとしてしまうんですね。

性欲は人間の三大欲求の一つとされています。しかし後で紹介するように、女性は性交痛を感じたことがある割合が高く、セックスをエンジョイしきれていないケースが多いことも影響しているかもしれませんね。

では、ここから男女の性器について簡単に解説します。といっても、本書は医学書ではありませんから、あまり詳細な解説はしません。左のイラストの通りです。

読者のみなさんに押さえておいてほしいのは、**気持ちいいと感じる場所や触り方、あるいは体位などには個人差がある**ということです。例えば、膣の向きには個人差があります。そのため、のちほど解説するように気持ちいいと感じる体位や挿入する深さには違いが出てきます。

女性器の構造

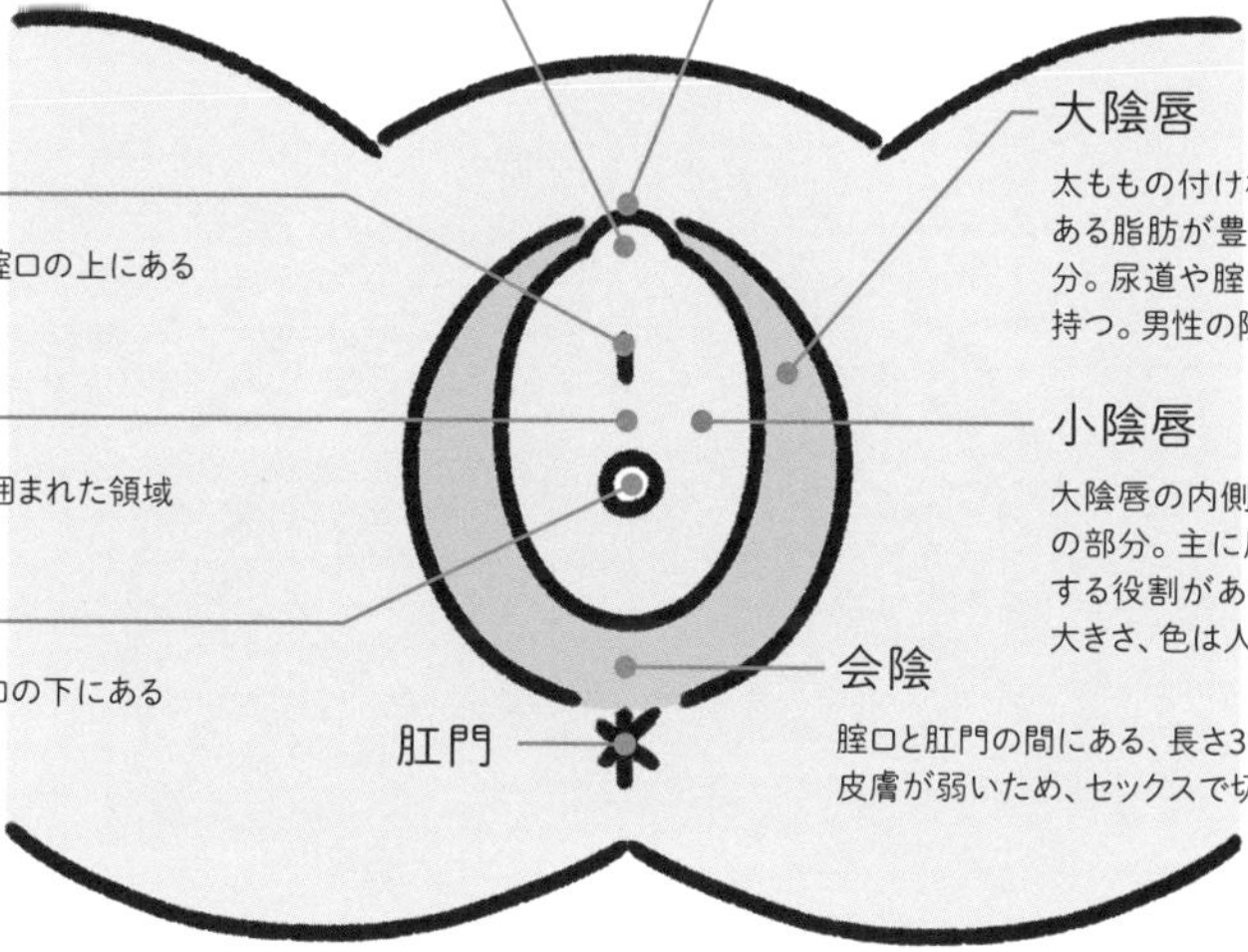
陰核(クリトリス)
小陰唇の前端にある突起物。神経と血管が集中し、性的興奮時に充血、隆起する。そのすべてで快感を得ることができる。男性の陰茎に相当する
クリトリス包皮
クリトリスの外側を覆う皮膚。個人差があり、包皮の余りが多いと快感が得にくかったり、ヒダに汚れが溜まりやすく、においの原因になることも
尿道口
排尿する場所。膣口の上にある
大陰唇
太ももの付け根と小陰唇の間にある脂肪が豊かについている部分。尿道や膣を保護する役割を持つ。男性の陰嚢に相当する
膣前庭部
陰核と小陰唇に囲まれた領域
小陰唇
大陰唇の内側にある薄いヒダ状の部分。主に尿道口や膣を保護する役割がある。小陰唇の形や大きさ、色は人によって異なる
膣口
膣の入口。尿道口の下にある
会陰
膣口と肛門の間にある、長さ3～5cmの部分。皮膚が弱いため、セックスで切れてしまう人も
肛門

子宮の構造

妊娠したときに胎児を育てる器官。成人女性の子宮は鶏卵くらいの大きさで、重さは約40～50g。長さは約7～9cm、幅は4cmほど。筋肉でできており、内側は子宮内膜と呼ばれる粘膜で覆われている。子宮内膜は周期的に厚みを増し、受精卵が着床しなければ剥がれ落ち月経となる

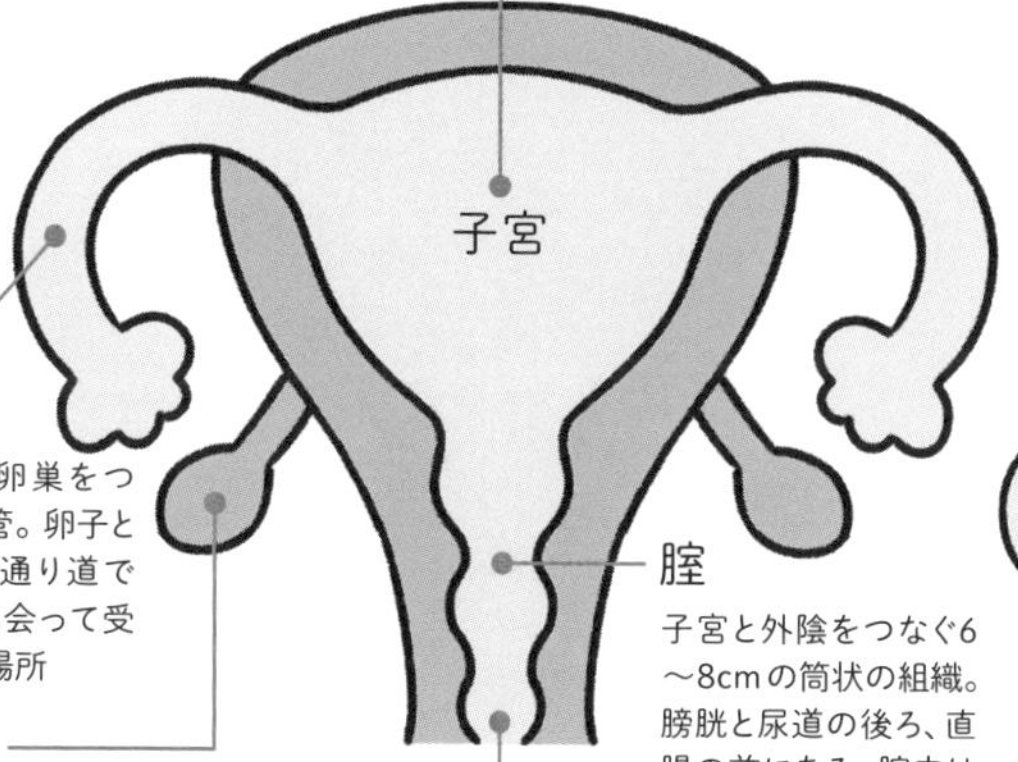
子宮
卵管
子宮と卵巣をつなげる管。卵子と精子の通り道であり、出会って受精する場所
卵巣
子宮の両側にある親指大の臓器。卵子の元となる数百万もの原始卵胞という細胞を持ち、卵子を含む卵胞の貯蔵と成熟の促進、排卵を司る
膣
子宮と外陰をつなぐ6～8cmの筒状の組織。膀胱と尿道の後ろ、直腸の前にある。膣内は弱酸性に保たれ、病原菌の侵入や増殖を抑える働きがある
膣口

男性器の構造

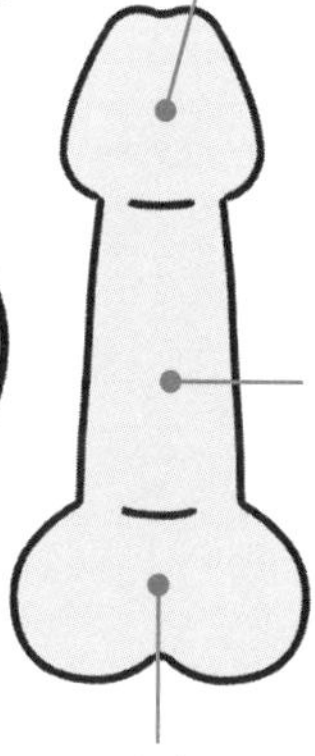
亀頭
陰茎の先端部分。尿と精液を出す尿道口がある。皮膚のすぐ下に海面体組織が存在し、陰茎の他の皮膚よりも極めて薄い。感覚受容器が発達しており特に刺激に敏感
陰茎
スポンジ状の海綿体組織から構成される。性的興奮などにより血液が集まることで長く太く硬く勃起する。形状や大きさは健康状態や遺伝的要因によって個人差がある
陰嚢
男性の股間にある袋のこと。男性ホルモンや精子などを作る臓器(精巣など)が入っている

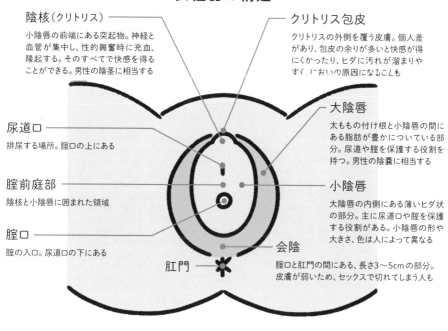

ほぼ体内にあるクリトリス

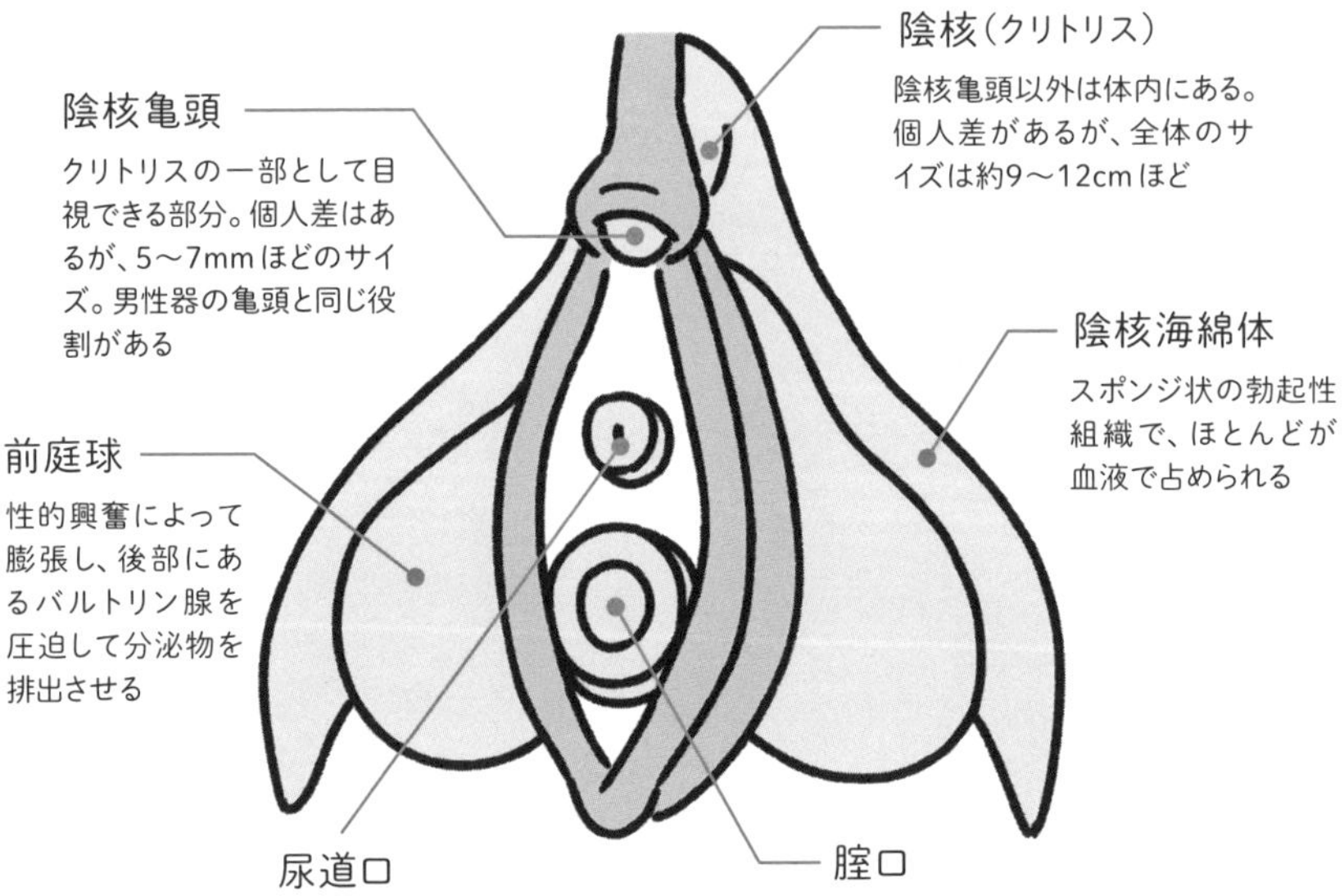
陰核（クリトリス）
陰核亀頭以外は体内にある。個人差があるが、全体のサイズは約9〜12cmほど
陰核亀頭
クリトリスの一部として目視できる部分。個人差はあるが、5〜7mmほどのサイズ。男性器の亀頭と同じ役割がある
陰核海綿体
スポンジ状の勃起性組織で、ほとんどが血液で占められる
前庭球
性的興奮によって膨張し、後部にあるバルトリン腺を圧迫して分泌物を排出させる
尿道口
膣口

さて、**女性器の性感帯**は具体的にどこにあるのでしょうか？

答えは**「たくさんある」**です。例えば、性感帯と認識されやすい乳首、クリトリス以外にも、膣内の「Gスポット」、子宮口を意味する「Pスポット」、さらにはアナル（肛門）も性感帯です。

もっとも重要なのは、やはりクリトリスです。**クリトリスは、セックスのときに快感を得るためにある**ような少し不思議な器官です。神経が多く集まっているためとても敏感で、女性に快感をもたらしてくれます。

ただし、上のイラストをよく見るとわかるとおり、体外に露出しているのはクリトリスのごく一部です。クリトリスの全体は、二股に分かれて体内に広がっています。

よく、女性のオーガズムが、クリトリスへの刺激でオーガズムに達するいわゆる「外イキ」と、挿入されたペニスが膣内を刺激することで達するいわゆる「中イキ」とに分けて表現されることがあります。しかし、いわゆる「中イキ」もペニスが体内のクリトリスを刺激した結果である場合が多いので、結局のところ**クリトリスがもっともオーガズムへのカギを握っている性感帯**だと言っていいでしょう。

Ｇスポットはクリトリスとつながっている

女性にとって刺激が強く敏感な部位は大きく三つ。**クリトリス・Ｇスポット・Ｐスポット**です。

クリトリスについては前述の通りですが、Ｇスポットについては知識があやふやな方も多いと思います。Ｐスポットに至っては、聞いたことがない方が大半でしょう。

いわゆる**Ｇスポットとは、膣の入り口から3〜5㎝くらい入った腹部側にあるスポット**といわれています。その正体を先に書いてしまうと、Ｇスポットはクリトリスと膣、尿

膣内部の性感帯

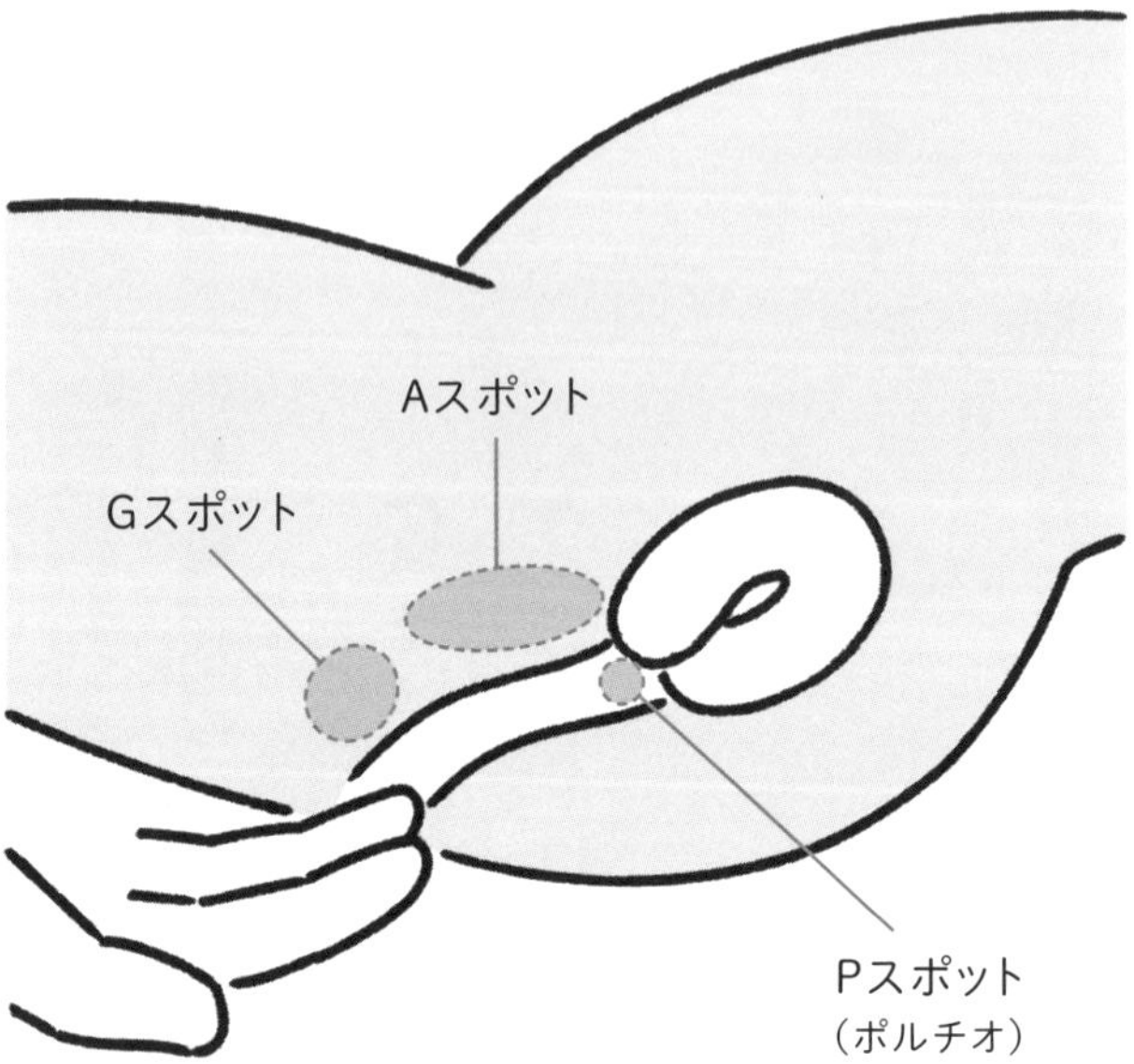

道が複合的に高い性感を生み出す部分で、一点のスポットというよりも、広がりをもつ「Gゾーン」とでも言うべき領域です。

ちなみに、Gスポットには性的興奮時に分泌液を出す「スキーン腺」と呼ばれる器官があります。スキーン腺は、男性の前立腺にも似ているので「女性前立腺」と呼ばれることもあります。スキーン腺は傍尿道腺とも呼ばれ、これが尿道付近の性感を生み出しているという説があります。スキーン腺の大きさや位置には個人差が大きいのが特徴です。つまり、**性感帯としてのGスポットの有無やその位置にはばらつきがある**ということです。

Pスポットはポルチオとも呼ばれ、子宮頸部が膣の中に少し突き出ている、子宮膣部と呼ばれる部分です。挿入時に、ペニスでここを刺激されると快感を覚える女性も少なくないため性感帯にカウントされています。

ただし、Ｇスポットも P スポットも位置や気持ちよさには個人差があります。「ここさえ刺激すればＯＫ」という性感帯ではないため、自分がより気持ちいいと感じる場所や刺激の仕方を探ってみると面白いですね。

40％の女性がオーガズムに至るＡスポット

女性の性感帯は他にもあります。
あまり知られていない性感帯としては、１９９７年にマレーシアのチュー・チー・アン医師が提唱した**「Ａスポット」**があります。※
２７１人の女性を対象に研究したこの論文によると、膣の乾燥に悩んでいる女性の８割近くがＡスポットの刺激によって「大量もしくはかなりの」分泌物が出て、４割近くの女性はオーガズムに達することもできたといいます。
ではこのＡスポットがどこにあるかですが、論文によると**膣の入り口から12～15㎝進**

男女の性感帯

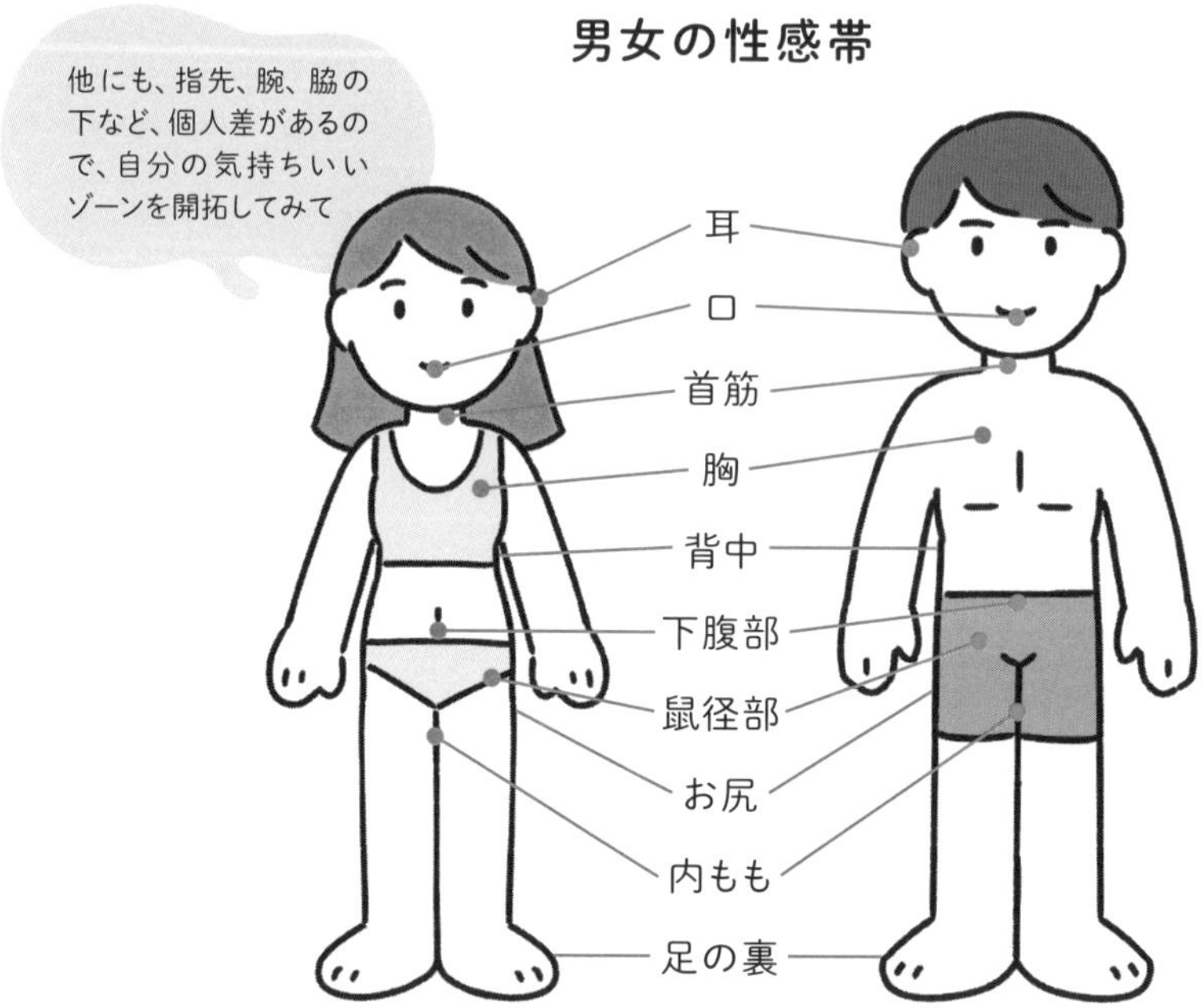
他にも、指先、腕、脇の下など、個人差があるので、自分の気持ちいいゾーンを開拓してみて
耳
口
首筋
胸
背中
下腹部
鼠径部
お尻
内もも
足の裏

んだ腹側にあるそうです。ただ、医師としての私の感覚では、小柄な日本人女性ではもう少し手前にあってもおかしくないとも思います。

いずれにしても、かなり深いところにありますから、場合によってはペニスを挿入しても届きにくいかもしれません。そんな場合は、女性の体位を工夫することによって、より深くまで届くようになります。体位については、第7章をご覧になってください。

他にも女性にとっての性感帯はあります。2016年の報告によると、性器を除く性感帯のうち**とくに敏感なのは、乳首、口と唇、襟首、耳、お尻**であり、他に太もも内側や下腹部も敏感であるようです。※

4割の女性はオーガズムを知らない

性感帯を刺激していると、女性は性的に興奮していきます。すると、クリトリスに血液が集まってクリトリスが勃起したり、膣が分泌物で濡れていったりします。

しかし、年齢による変化はここにも現れます。男性が勃起しづらくなるように、女性は濡れにくくなるのです。

さらに、神経系の衰えにより、男女ともに性的な刺激に対する反応が鈍くなるため、オーガズムに達することも難しくなっていきます。

調査を見ると、そもそも**4割ほどの女性は、オーガズムを経験したことがない**ようです。※

オーガズムを知らずに一生を終える女性も珍しくありません。

しかし私は、愛するパートナーとセックスをして、パートナーとの親密度を深めるためにも、女性にもオーガズムを楽しんでほしいと思っています。

もし更年期以降で挿入刺激による性交痛を感じてしまい、オーガズムに達しにくいのであれば、婦人科で相談していただければ腟内の乾燥や萎縮を改善するホルモンのお薬を処方できます。また、オーガズムがどういうものか探求したい場合は、近年増えているセルフプレジャー用のアイテムを使うなどして、ご自身の気持ちがいいところを探してみてはいかがでしょうか。すると自分の体が気持ちよくなるポイントを理解できますから、パートナーとのセックスでもオーガズムに達しやすくなるかもしれません。

社会的に性に対して抑圧されてきた背景もあり、女性は、性に積極的になることに躊躇してしまうかもしれません。でも、男女ともに、**性を楽しむということは人生を楽しむということ**です。性的な快楽を追求することにも、ためらう必要はありません。

使わない腟は萎縮する

医学用語で**「廃用性萎縮」**と呼びますが、人間の筋肉はずっと使わないでいると萎縮して硬くなっていきます。寝たきりのお年寄りの筋肉から柔軟性が失われるのはそのせいです。

これと同じように、**女性の腟もセックスレスの期間が長く続くと廃用性の変化が起こり**

ます。血流が悪くなり、分泌液も出にくくなっていくのです。

若いときは女性ホルモンの分泌量が保たれていることが多いため、「使わない」期間が長くても、膣内は潤っている状態を維持できます。しかし加齢とともに女性ホルモンが減るとさらに乾きやすくなりますから、廃用性の変化は深刻です。

また、更年期に差し掛かると、**「萎縮性膣炎」**という状態になってしまうことがあります。これは、加齢によって卵巣で分泌されるエストロゲンというホルモンが減少するために起こります。

エストロゲンは子宮や乳腺など生殖に関わる器官のほか、脳や血管、骨など全身の健康にも関わるホルモンです。40代半ばくらいから減少しはじめることで、月経周期の乱れや更年期症状が出てきます。

更年期症状の一つとして、膣の血流が悪くなり、膣内が乾燥して分泌液が低下して外陰部や膣の粘膜が萎縮したり、乾いたりすることがあります。また、膣のコラーゲン減少により膣壁は菲薄化《ひはくか》し、膣内の乳酸菌が減少することで、外部からの刺激に弱くなります。これらの変化により膣が炎症を起こしたものを萎縮性膣炎といいます。更年期以降は、ちょっとした刺激でも出血しやすくなったり、性器の違和感や灼熱感がでてきたり、雑菌が腟内で繁殖することでにおいが強くなったりと色々な問題が起きます。しかし、腟内に挿入する腟錠によって治療できますので、婦人科でご相談ください。

こういった加齢による腟の変化はあまり知られていないのですが、廃用性の変化が起こったり、萎縮性腟炎があると、久々にセックスをしたとしても、性交痛が起こるリスクが高いでしょう。「もうセックスはいいや」と思ってしまう方も少なくないと考えられます。性交痛は年齢問わず女性にとってもっとも身近なセックスの悩みなのですが、ミドルエイジ以上になるとより深刻になるということです。

ところが、定期的にセックスやセルフプレジャーをしている女性は、ミドルエイジになってもこのような悩みと無縁だったりします。それは、腟を使うことによって血流が良くなり分泌物が出やすい状態が保たれるからですね。

つまり、**腟は使わないと潤いが減少していってしまいますが、適切にケアすると潤いを保つこともできる**のです。ミドルエイジ女性がセックスを楽しんだ方がいい理由はここにもあります。

ＡＶのように感じなくていい

オーガズムに達せないとか、セックスを楽しめないという女性の悩みの大きな要因に、男性側の誤ったセックスがあります。

女性がパートナーのセックスに不満を覚えても、自分から言い出すことが難しいことも多いでしょう。すると女性側はひたすら我慢をすることになり、すれ違いが大きくなっていきセックスレスになるケースが多いように思います。

では、なぜ男性が誤ったセックスをしてしまうのかというと、やはりＡＶ《アダルトビデオ》が原因になっていることが多いようです。ＡＶによって「セックスとはこういうものだ」というイメージを手に入れる男性が多いためです。

では具体的にどういうセックスが問題なのか、見ていきましょう。

セックスについての男女のすれ違い

私のところにはしばしば、「セックスで出血してしまって……」という女性患者さんが年齢問わず来院されます。

出血するのは多くの場合、膣の入り口の肛門側にある「会陰」です。この部分は弱く、切れやすいのです。一度切れると切れることが癖になってしまい、満足にセックスができなくなってしまう女性もいます。

会陰が切れてしまう原因の多くは激しすぎる男性の挿入です。AVにあるような激しい動きは、あくまで視聴者を楽しませるための演出です。女性器はとても繊細ですから、あのような動きは強すぎます。

挿入に限らず、愛撫が激しすぎる男性も多いようです。理由は同じで、AVの愛撫を真似てしまうから。映像作品として刺激的にするために、男優さんも激しい愛撫をしがちなんですね。そして、女優さんの反応も演技です。男性には、繊細な女性の体は愛を込めて優しく触れるようにアドバイスしたいですね。

男優さんが、女性器を指でがしゃがしゃとかき回すと、女優さんが絶叫して悦び、「潮」を吹く……といったシーンも目立ちます。

しかし、医師としてお伝えしておくと、あれはただの尿です。たしかに女性がオーガズムに達したときにスキーン腺から分泌液が出ることはありますが、その量はせいぜい数mℓくらい。吹き出したりすることはありません。潮吹きは、視覚的な刺激を求めたAV業界が発明した演出にすぎません。

そもそも、女性のオーガズムはAVにあるように、必ずしも白目を剥いて痙攣するような激しいものではありません。

他にも、AVによって男性に広まってしまった誤ったセックスのイメージは数知れません。

ここではAVの影響であろう、**セックスについてのもっとも重大な男女のすれ違い**について触れておきます。それは、**挿入の扱い**です。

世の中の男性は、「セックス＝挿入」だと信じ込んでいます。女性でも、そのようなイメージを持っている人は少なくないかもしれません。

現に、AVを見ると、男性が女優さんに挿入し、様々な体位で動くシーンにもっとも時間が割かれています。そういうものを見てきた男性が「セックスでは挿入がメインなんだ」と考えるようになるのは無理もありません。

しかし、当の女性はどう考えているのでしょうか？

いいデータがあります。セルフプレジャーアイテムで有名な株式会社ＴＥＮＧＡヘルスケアが女性４４９名に「理想とする挿入時間」を聞いたところ、その答えは平均９・７分でした。

しかも、答えのＴＯＰ５は以下のようになっています。

1位　10分（20・9％）
2位　5分（18・9％）
3位　1分未満（12・9％）
4位　15分（9・6％）
5位　3分（7・1％）

4割近くの女性が、「挿入時間は5分以下がいい」と答えているのです。逆に、ＡＶ並みの長時間の挿入を求める女性は極めて少数派です。

30分以上の挿入を望む女性に至っては、わずか８％しかいません。

要するに、**多くの女性は男性ほど挿入にはこだわらない**のです。

むしろ、挿入時間が長すぎると、女性はどうしても女性器が乾いてきてしまいますから、痛みが出る原因にもなります。また、長すぎて飽きてくると、「今晩の夕飯は何にしよう」とか「明日は仕事が早いから早く終わらないかな」などと別のことを考えてしまうかもしれません。そうなると、セックスを楽しむどころではありませんよね。

長い挿入ではなく、前戯が主役のセックスを

女性が男性ほど挿入時間を気にしていないことがわかりました。これは男性にとって悪くない話であるはずです。

しかし、「自分は早漏ではないか」と悩む男性は多く、さらにミドルエイジになるとEDやその傾向がある男性が増え、射精まで勃起が維持できない、いわゆる「中折れ」も増えてきます。また、腰や膝が痛むなどの理由で、挿入して動き続けることが辛い方も多くなるでしょう。

つまり**中高年になると男性も挿入時間を長く確保するのが厳しくなってきます。**という

ことは、**以前は挿入に使っていた時間を、ていねいな前戯に回せばいい**のではないでしょうか？　男性の負担も小さく、長い挿入時間を望まない女性にとってもうれしい、一石二鳥ですね。

パートナーにそういった希望を伝えるコミュニケーションのコツについても、後の章でふれます。

ジェクス・ジャパン・セックスサーベイ2020の調査によると、女性のセックスについての悩みで圧倒的に多いのは「オーガズムに達せない・快感を得られない」で、そのような悩みを抱えている女性の割合は、5割前後もあります。ならばなおさら、男性が前戯に力を入れることはいい関係づくりにつながるでしょう。

長く、激しい挿入がメインのセックスは、AVなどによる幻想です。女性は、パートナーのために幻想どおりに振る舞う必要もなければ、男性本位のセックスのために自分の快感を諦める必要もありません。**前戯に重きを置いた、本当の意味で「持続可能」なセックス**を、長く楽しんでください。

40歳を過ぎても油断せずに避妊する

女性は閉経が近くなると、避妊については油断しがちです。しかし残念なことに、厚生労働省が公表した２０２１年度の衛生行政報告例のデータを見ると、**40代での中絶数は20歳未満の中絶数より多い**のです。また、人口動態統計のデータから出される、出生数に中絶数を加えた妊娠数中の中絶割合は、20～30代に比べ、40歳以上で多くなっています。40代で中絶数が増えるのは、「この歳なら大丈夫だろう」という油断があることも一因になっているかもしれません。

30代後半はもちろん、**40代以降でも閉経を迎えていない限り、妊娠の可能性はゼロにはなりません。**したがって、若いころ同様に妊娠を望んでいない場合は避妊が大事なのですが、ミドルエイジの避妊は、若い方の避妊とは少し変わってきます。一般的によく避妊に用いられる低用量ピルが使いにくくなってくるためです。

低用量ピルには血栓症などの副作用リスクがあり、40歳以上になると血栓症のリスクが

人工妊娠中絶件数及び実施率の年次推移

（単位：件）　各年度

	平成29年度（2017）	30年度（'18）	令和元年度（'19）	2年度（'20）	3年度（'21）	対前年比	
						増減数	増減率（%）
総数	164621	161741	156429	141433	126174	△15259	△10.8
20歳未満	14128	13588	12677	10271	9093	△1178	△11.5
15歳未満	218	190	185	126	125	△1	△0.8
15歳	518	475	398	284	246	△38	△13.4
16歳	1421	1356	1214	943	763	△180	△19.1
17歳	2335	2217	2155	1633	1442	△191	△11.7
18歳	3523	3434	3285	2704	2446	△238	△8.8
19歳	6113	5916	5440	4581	4051	△530	△11.6
20〜24歳	39270	40408	39807	35438	30882	△4556	△12.9
25〜29歳	32222	31437	31390	28611	26087	△2524	△8.8
30〜34歳	33082	31481	29404	26559	23386	△3173	△11.9
35〜39歳	29641	28887	28129	26018	23435	△2583	△9.9
40〜44歳	14876	14508	13588	13203	12018	△1185	△9.0
45〜49歳	1363	1388	1400	1319	1252	△67	△5.1
50歳以上	11	13	11	10	19	9	90.0
不詳	28	31	23	4	2	△2	△50.0

出典：厚生労働省 令和3年度衛生行政報告例の概況「人工中絶件数の年次推移」

高くなることから、慎重な使用が必要になるためです。公益社団法人日本産科婦人科学会／一般社団法人日本女性医学学会が発行するＯＣ・ＬＥＰガイドラインでは、

- **50歳を迎えるまで**
- **閉経**

のいずれか早い方まではピルが使えるのですが、実際は40代に入ると、処方されにくくなります。

そのため「40代以上の避妊はコンドームだけ」と思っている方が少なくないのですが、血栓症のリスクを抑えながら服用できる**「ミニピル」**と呼ばれる方法があります。40代以上の女性が避妊を考えたときに、外したくない選択肢です。

もう一つ、知っておいていただきたい避妊法に**ミレーナ**（子宮内避妊システム）があります。これは避妊リングとも呼ばれるもので、黄体ホルモンの一種である「レボノルゲストレル」を子宮内に放出することで子宮内膜を薄くして、頸管粘液を変化させて精子が膣から子宮内に入ってくるのを防ぐことで、妊娠を防ぐものです。ミレーナには、過多月経や月経困難症といった、生理に関する症状を緩和する効果もあります。

避妊アイテム

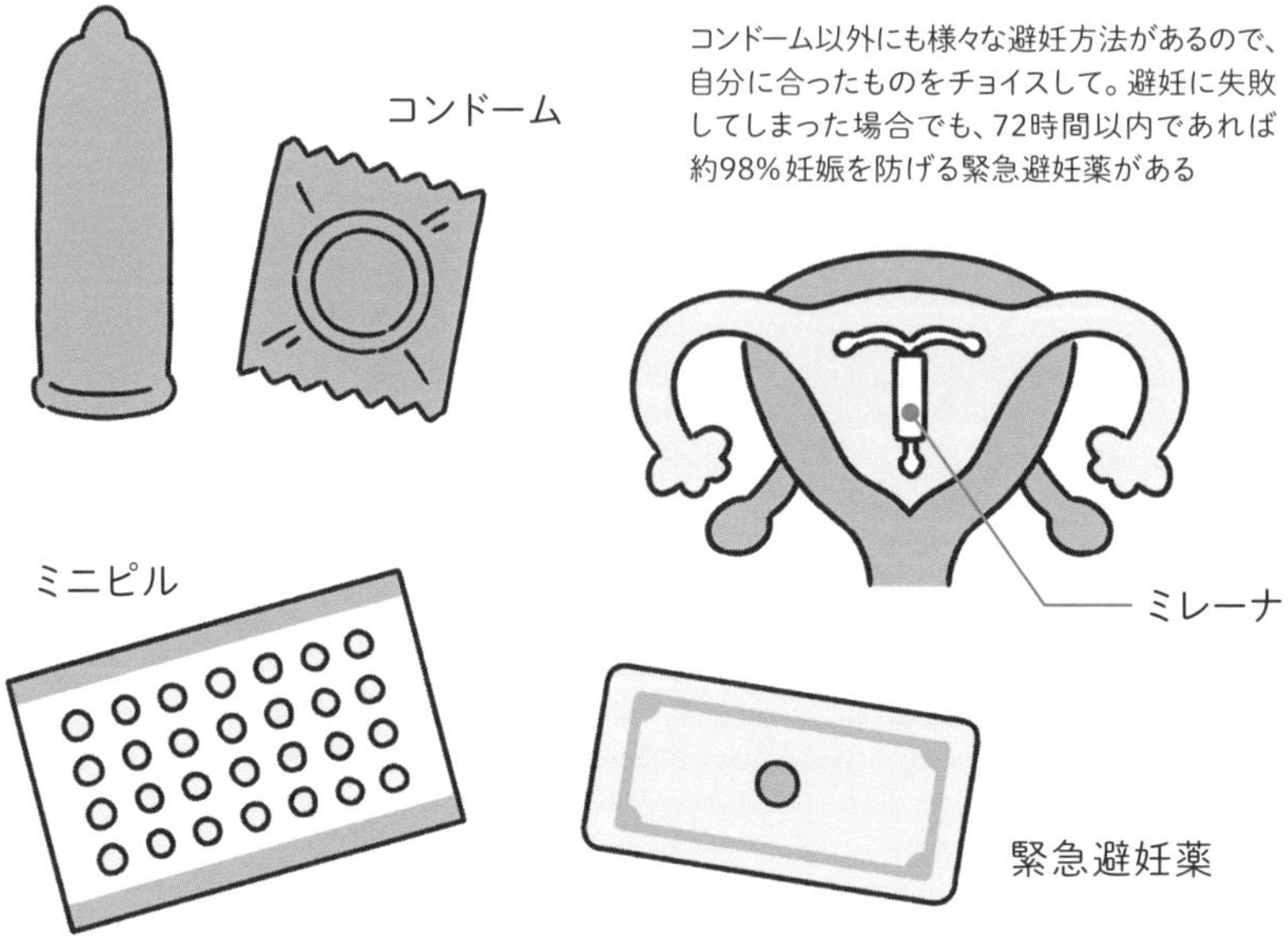
コンドーム以外にも様々な避妊方法があるので、
自分に合ったものをチョイスして。避妊に失敗
してしまった場合でも、72時間以内であれば
約98%妊娠を防げる緊急避妊薬がある
コンドーム
ミレーナ
ミニピル
緊急避妊薬

どの避妊法を選ぶかは、セックスの頻度によって決めるのがいいと思います。ミニピルやミレーナによる避妊をするためにはそれなりにお金と手間、精神的な負担がかかりますから、年に数回のセックスならコンドームのみでいいかもしれません。

いっぽうで、月に1回以上セックスがあるなら、ミニピルやミレーナを検討してみてください。

ただし、**コンドームは避妊のためだけのアイテムではなく、性感染症予防にも役立つため、併用することが望ましい**ですね。

いざというときのアフターピル

そして、ミドルエイジであっても知っておいていただきたいのが**アフターピル**です。

ミドルエイジの中絶率が高いのは緊急避妊への知識不足も影響しているかもしれません。かつては「ヤッペ法」という、セックスから72時間以内に薬を2回服用しなければならないなどと煩雑で副作用も出やすく、避妊率もあまり高くない緊急避妊法しかなかったためです。

しかし今は**72時間以内に1錠服用するだけで効果を発揮する、緊急避妊薬（アフターピル）が認可されています。**日本ではまだ認可申請中なのですが、120時間以内に内服すれば高い避妊効果が得られる緊急避妊薬もあります。緊急避妊薬は自由診療のため、保険が適用されず、価格はクリニックや薬によって違いますが、7000〜15000円ほどです。これまで、緊急避妊薬を入手するには受診と医師による処方が必須でしたが、**2023年11月から一部の薬局で処方箋なしでの試験販売が開始されました**（18歳未満は保護者の同伴と同意が必要）。

なお、40歳以上はピルの副作用リスクが大きくなると書きましたが、アフターピルについては年齢の影響はありません。したがって、万が一のときのために、その存在を頭の片隅に置いておいてください。

性感染症検査は ふたりで受ける

近年、梅毒の流行が報じられていますが、梅毒以外にも注意すべき性感染症はたくさんあります。性感染症には感染当初は自覚症状がない（軽い）ものも多いのですが、中にはHIVウイルスへの感染によって続発する、エイズ（AIDS：後天性免疫不全症候群）など極めて重大な病気もあり、注意しなければいけません。

性感染症は、いずれも性器からの分泌物や精液と粘膜接触することで感染する点は共通しています。ですから**コンドームをつけることは避妊効果に加えて性感染症を防ぐ効果があります。**

ただしコンドームによる避妊効果が100％ではないように、コンドームによる性感染症予防も絶対ではありません。また、オーラルセックスによって感染する性感染症も多く、そうした行為の前からコンドームを装着しておくことである程度予防は可能ですが、100％防ぐことはできません。

したがって**性感染症を防ぐ最強の方法はパートナーと一緒にあらかじめ性感染症の検査を受けること**です。

かつてはなんとなく「うしろめたい」イメージがあった性感染症検査も、今はとても手軽になりました。**オンラインで性感染症検査キットを簡単に買うこともできます。**性感染症検査キットとは、代表的な性感染症にかかっているかどうかを病院に行かずチェックできるもので、価格も1万円前後です（価格は調べられる項目数などによって変わります）。

もちろん、病院で検査を受けることもできます。とくに、女性ならおりものの異常などの症状がある場合は保険適用になりますから、費用はかなり抑えられます。また、お住まいの地域の保健所で、匿名で無料検査を受けられる場合もあります。

メリット	デメリット	パール指数（一般的な使用の場合）	パール指数（完璧に使用した場合）
避妊効果だけでなく、性感染症の予防効果もある。	その都度、装着の手間があること。男性側の性感が低下する場合も。ラテックスアレルギーのパートナーの場合は、非ラテックス素材をチョイスすることが必要。	18	2
避妊効果だけでなく、性感染症の予防効果もある。	ほとんど市販されておらず、日本で入手困難。慣れないと装着が難しい。	21	5
正しく内服することで、かなり確実な避妊効果あり。月経量の減少、月経痛やPMS症状緩和、ニキビの改善などの副効用もある。月経移動をする場合にも使え、スケジュールに合わせて月経時期を調整することも可能。	毎日同じ時間に飲む手間がある。飲み忘れたり、飲む時間がずれると避妊効果が減少する。35歳以上で喫煙している人は禁忌、前兆のある片頭痛があると禁忌など、飲めない人もいる。嘔気やむくみなどの副作用が起こることがある。性感染症は防げない。	9	0.3
血栓症リスクが高い人や授乳中など、ピルが飲めない人でも服用できる場合が多い。月経が来なくなる。	毎日同じ時間に飲む手間がある。飲み忘れると避妊効果が減少する。不正出血が比較的起こりやすい。国内では未承認。	13	1.1
効果が5年間持続し、飲み忘れるなどの心配がないため、避妊の効果が発揮されやすい。月経量減少や月経痛の緩和も期待される。	挿入時に疼痛を伴う。不正出血が起こることがある。自然脱落すると避妊の効果がなくなる。	0.2	0.2
内服することで望まない妊娠を防ぐことができる可能性がある。血栓症リスクはない。	一時的に嘔気、頭痛、不正出血などの副作用が出ることがある。緊急避妊薬のみで避妊をするには避妊率が低い。	緊急避妊薬は継続的に使用する避妊法ではないため、パール指数では示せない	性交後72時間以内に使用することで、避妊率98.66%（レボノル錠を使用した場合）
避妊効果が高い。セックスの邪魔にならない。	まれに再開通してしまうケースがある。基本的には術後に子どもが欲しくなった場合、精管をつなぐ手術が必要となるが、精管が開通しない場合も。性感染症は防げない。	0.15	0.1
かなり確実な避妊効果あり。帝王切開手術と同時に行うこともできる。セックスの邪魔にならない。	術後に子どもが欲しくなった場合、卵巣から卵子を採取して体外受精に頼るしかない。性感染症は防げない。	0.5	0.5

※パール指数とは：100人の女性が1年間その避妊法を使用して性生活を送った場合に、何人が妊娠するかの指数

避妊方法一覧

避妊方法	使用方法
コンドーム（男性用）	挿入の前から裏表を間違えないように、 陰茎の付け根まで包皮のたわみやシワをしっかり伸ばしながら装着する。 オーラルセックスの場合も使用することが望ましい。男性主体の避妊方法。
コンドーム（女性用）	行為の前に、膣の奥の子宮頸部を覆うように装着する。
低用量ピル	毎日決まった時間に飲む。 月に一度の消退出血（軽い生理のようなもの）を起こすため、 その期間は偽薬をのむタイプの製剤と、休薬するタイプの製剤がある。 また、月経困難症の治療を兼ねる場合は、 消退出血の間隔を最大120日まで延ばせるタイプの製剤もある。
ミニピル	毎日決まった時間に飲む。
避妊リング （ミレーナ）	婦人科で子宮内に挿入する処置を行う。
緊急避妊薬	一般的なアフターピルはレボノルゲストレル錠を使用し、 避妊に失敗したセックスから、72時間以内に内服する。 日本では未承認だが、ウリプリスタール錠という 120時間以内に服用すると効果があるタイプもある。
不妊手術（男性）	いわゆるパイプカット。陰嚢を小切開し、 精管を縛ることで精子が睾丸から精液に入らないようにする。
不妊手術（女性）	下腹部を小切開または腹腔鏡で腹腔内にアクセスし、 左右の卵管を塞いだり切断したりして、 卵子が子宮に入れないようにする。

感染するとどうなるか	治療方法
段階を踏んで徐々に進行する。 精神神経異常、死に至ることもある。 母体の感染により、出生児が先天梅毒になることがある。	抗菌薬内服もしくは静注
急性感染後の症状がおさまると、数年〜10年ほどの無症状期があり、本人が気付かないまま周囲に感染を拡げてしまう恐れがある。	抗HIV薬が開発されており、正しく通院し内服することでHIVの増殖を抑え、病気の発症を抑えたまま寿命を全うすることが可能になっている。日常生活でうつることはないため、感染者を差別してはいけない。
早期に診断し、抗菌薬で適切に治療すれば治癒する。もし無治療で放置した場合、女性は感染が子宮付属器から骨盤内に拡がり炎症が続くと卵管が狭窄したり詰まったりすることで、不妊症の原因になる場合がある。男性の場合も精子数の減少などの悪影響がでる可能性が指摘されている。	抗菌薬内服
早期に診断し、抗菌薬で適切に治療すれば治癒する。無治療で放置すると、子宮外妊娠、不妊症、母子感染など、重篤な合併症を生じうる。	抗菌薬点滴または静注 または筋注
抗菌薬で治療可能。女性では治療後の月経の後で原虫消失を確認する。	抗菌薬内服
再発を繰り返す場合がある。再発には再感染によって発症する場合と再燃によって再発する場合がある。再感染の感染経路は自分の腸管に存在するカンジダが肛門から外陰部を経て新たに膣に自己感染する経路。その他男性から感染することもある。	抗真菌薬膣錠、内服、 抗真菌クリーム
3ヶ月以内に約25%が再発するため、最低3ヶ月は追跡が必要。罹患中もしくは罹患後に妊娠すると、尖圭コンジローマ合併妊婦となる。この妊婦から生まれた児はHPV6もしくは11型の母子感染症である、若年性再発性呼吸器乳頭腫症を発症することがある。	イミキモドクリーム外用、 レーザー蒸散、凍結療法など
性行為等の皮膚の接触で、他の人にうつす可能性あり。水疱がやぶれて出てくる液に多量のウイルスが含まれる。	抗ヘルペスウイルス薬の内服、外用、点滴療法。（ただし体内に潜伏したヘルペスウイルスは根絶できず、再発を繰り返すケースあり）
成人後に性交渉等で初感染した場合、一過性の感染を経て治癒するケースが多い一方で、5〜10%で慢性肝炎に移行する。慢性肝炎を放置すると、肝障害から肝硬変に至ったり、肝がんを発症する恐れがある。	抗ウイルス療法、肝庇護療法 日常生活でうつることはないため、感染者を差別してはいけない。
感染後、約60〜70%の人で慢性肝炎に移行。無治療の場合、長期間ごく軽度の炎症像が持続し、十数年経過した後、次第に急速にウイルスの活動性が増し、肝硬変というステップを経て肝がんに進行する。	抗ウイルス療法、肝庇護療法 日常生活でうつることはないため、感染者を差別してはいけない。
クラミジア感染症と同様に、進行すると不妊症や子宮外妊娠しやすくなるといった後遺症のリスクがある。	抗菌薬内服

性感染症一覧

性感染症	感染経路	潜伏期間	症状
梅毒	膣性交、口腔性交、肛門性交、キス、血液や体液、母子感染	3-6週間	感染した部位(性器や口など)に硬いしこりやただれができて近くのリンパ節が腫れる。その後3～12週間くらいで発熱や全身倦怠感などの全身症状とともに、皮膚に発疹が現れ、さらに10～30年で心臓や血管、脳が侵される。
HIV	膣性交、肛門性交、血液や体液、母子感染	2-4週間	HIVに感染すると、約50～70％の人は3～6週間後に発熱、頭痛、咽頭痛、筋肉痛、発疹などの症状が出現する。大部分の人は数日～数週間で自然軽快する。その後、無治療だと数年～十年の間に、発熱や体重減少、下痢、全身のリンパ節腫大など免疫不全に関連した症状が起こる。進行すると、1～2年で日和見感染症や悪性腫瘍が発生する。さらに進行すると、死亡の恐れがある。
クラミジア感染症	膣性交、口腔性交、肛門性交、キス、母子感染	1-3週間	男性は排尿時痛や尿道のかゆみや不快感、女性はおりものの増加や不正出血などがある。ただし、症状がないことも多い。
淋病	膣性交、口腔性交、肛門性交、キス、母子感染	2-7日	男性では排尿時痛と膿尿、女性ではおりものの増加や不正出血など。ただし罹患女性の40％は自覚症状がない。咽頭や直腸の感染も自覚症状が乏しい。
トリコモナス膣炎	膣性交、大衆浴場など	5-14日	女性では、おりものの増加や膣の刺激感、かゆみなど。男性では自覚症状がないことが多い。
カンジダ膣炎		1-7日	皮膚などの常在菌で、カビの一種であるカンジダ菌が、疲れやストレス、抗菌薬服用による膣内細菌叢の乱れなどが原因で増殖してしまうことで起こる。カッテージチーズのようなおりものや、おりものの増加、かゆみや痛みなどの症状がでる。
尖圭コンジローマ	膣性交、口腔性交、肛門性交	3週間-8ヶ月	ヒトパピローマウイルスの一種の経皮感染により、性器や肛門の周囲に鶏の鶏冠(とさか)のような腫瘤ができる。
ヘルペス	膣性交、口腔性交、肛門性交、キス、大衆浴場など	2-10日	初感染時には外性器に掻痒感やピリピリする不快感を伴った直径1～2㎜の複数の水疱やびらんができる。
B型肝炎	膣性交、肛門性交、血液や体液、母子感染	2週間-6ヶ月	通常は無症状。黄疸、褐色尿、倦怠感、悪心、嘔吐、腹痛などの症状がでる場合もあるが、多くは数日から数週間以内に消失することが多い。1～2％のケースでは重症化ないし劇症化を起こし、命に関わる場合も。
C型肝炎	膣性交、肛門性交、血液や体液、母子感染	2週間-6ヶ月	初感染の後、約80％の人では無症状。急性症状としては、発熱、易疲労感、食欲低下、嘔吐、腹痛、褐色尿、黄疸などがみられることがある。
マイコプラズマ感染症	膣性交、口腔性交、肛門性交、キス	1-5週間	クラミジア感染症とほぼ同様。

産婦人科医 mama女医ちえこ
人気セレクション 1

チャンネル登録数15万人を超える
ママ女医ちえこ先生の
人気YouTubeチャンネルから、
再生回数が特に多かった選りすぐり動画の
内容をシェアします。
さらにディープなお話は
ぜひYouTubeチャンネルでご覧ください。

女性器の形ってみんな同じ?

「性器の形ってみんな同じなのかな?」

そんなふうに思ったことはありませんか?

他の女性の性器をじっくり見る機会もありませんし、VIO脱毛をしてあらわになった自分の性器を見て「びっくり」という人もいるようです。「自分の性器はおかしいのでは」「人より黒ずんでいるのでは」と不安になったこともあるかもしれません。性器の形に悩んで外来を受診される方もいます。


でも、心配はいりません。

一重まぶたと二重まぶたの人や、唇が厚い人と薄い人がいるのと同じように、女性器の形も色も、人によって違います。

人と違うことが当たり前なのです。

特に「小陰唇」は個人差が大きく、小陰唇が大きい人、小さい人、左右非対称な人など様々です。

大陰唇がふっくらと大きく小陰唇が小さいと、外からは小陰唇が見えない場合もあります。逆に、大陰唇が薄めの人や小陰唇のヒダが大きめの人は、大陰唇からはみ出ているのが一般的です。

小陰唇のヒダが大きいと悩む方もいますが、小陰唇は膣や尿道を守るための器官なので、成長とともに伸びるのは普通のことです。左右非対称なのも決して特異なことではありません。

また、小陰唇はホルモンの影響で成長とともに黒ずみやすいので、性器の他の部分に比べて黒ずんでいるのが普通です。

実はクリトリスの大きさや露出具合も個人差があります。

男性の「包茎」と同じで、興奮して勃起しても包皮をかぶったままのクリトリスもありますが、特に問題はありません。

そして、意外にも肛門の形も人それぞれです。

「肛門皮垂《ひすい》」別名「スキンタグ」と呼ばれるたるみがある人もいるかもしれません。痔核や裂肛などで肛門が一時的に腫れ、腫れが引いたあとに皮がたるんだもので、妊娠出産後にできる人も多いようです。困りごとがなければ放置して問題ありませんが、痛みや痒みが気になる場合は受診してみてください。

人の顔がそれぞれ違うように、性器も人それぞれです。

自分の体を受け入れ、愛してあげてくださいね。

第3章

性的コミュニケーション

セックスレスの要因は解決可能

1章で見たように日本のセックスレスは深刻ですが、例えば痛みがあることや楽しめないこと、セックスが気持ちよくないといった問題は解決可能です。

また女性はホルモンの分泌量の変化や月経周期によって、特に理由がなくても「なんとなく、したくないな」という時期がありますよね。妊娠や出産、閉経などのライフイベントや年齢にともなう心身の変化の影響でセックスから離れることもあります。

また、男性も仕事で疲れてする気にならないとか、ストレスによって交感神経が過敏になって性欲が起こらないといったことがありえます。つまり、当たり前のことですが、**男女ともにセックスをしたくないタイミングがある**ということです。これが繰り返されたり続いたりすると、セックスレスになります。

ここでは、セックスレスを解決するため、あるいはセックスレスにならないための性的なコミュニケーションについて考えましょう。

性的コミュニケーションを大切に

セックスレス解消・予防のための手段の一つが、セックスの「手前」にある**少し性的な愛情表現**をすることです。

それは、**キス、ディープキス、ハグ、撫でる**といった、性的なパートナー以外にはしない行為のことです。海外と比べ日本人の夫婦間ではこういったコミュニケーションが少なく、それがセックスの少なさに繋がっているとも考えられます。

こうした性的コミュニケーションで愛情表現をしっかりすることは、パートナーのどちらか一方がセックスをしたくないときの代替手段にもなりえます。

パートナーとの間に子どもが生まれることもセックスレスの要因になります。とくに日本は夫婦関係より子どもを優先する価値観が根強いため、夫婦は子どもを育てる協力者になり、パートナーを異性として見なくなる傾向があります。

ですから、子どもが生まれたなら、なおさら相手を異性として認識し続けるために性的コミュニケーションは大切です。子どもの前でもハグやキスを恥ずかしがらず、子どもが寝静まった後などには、パートナーと二人きりの時間も確保してください。お互いを「ママ（お母さん）」「パパ（お父さん）」などと呼ばず、名前で呼び合うのも一つの手ですね。

パートナー間でのセックスを維持するためには、子どもの発達も考慮しながら、親と子どもの寝室を分けることも一つの選択肢です。また、子どもの預け先がある人は頼ったり、幼稚園や学校の時間に夫婦で休みを合わせてデートをしたりホテルで二人だけの時間を過ごすのもいいでしょう。

親密さの12段階で関わりを深める

イギリスの動物学者であるデズモンド・モリスは、動物の研究に基づき男女の親密さを12段階に分類しました。これが有名な「親密さの12段階」です。

次のページをご覧ください。

最初は「目を相手の体に向ける」からはじまり、次は「目が合う」その次は「声をかける」などの関わり合いは、職場の人や知人レベルでもしますよね。だんだん親密になっていき、性的なパートナーとの関係を保つには、手をつなぐ、ハグする、キスするといったレベルのコミュニケーションを維持していることが大切なのがわかります。親密さの第9段階以上は、一般にセックスと呼ばれるスキンシップですね。

つまりセックスに至るまでには親密さの段階があるということです。途中を飛ばすことはできません。

日常的な関わり方はもちろん、パートナーとだからこそできる触れ合いを重ねることで、自然とセックスをする気持ちが高まっていくのではないでしょうか。「親密さの12段階」を参考に、パートナーとの関わり合いを深めていってみてください。

親密さの12段階

1 目を体に

2 目を目に

3 声を声に

4 手を手に

5 腕を肩に

6 腕を腰に

7 口を口に

8 手を頭に

9 手を体に

10 口を胸に

11 手を生殖器に

12 性交

男女の性的反応の違い

性的反応の変化は個人差があり一概には言えませんが、**一般に男性の性欲ははっきりしていて、「セックスしたい！」という気持ちが急激に立ち上がり、射精後は急激に減退します。**

しかし女性の性欲は男性ほどはっきりしていません。性欲に先立ってゆっくりと膣への血流増加、分泌物増加など身体的な変化がまず起こりますが、それを自覚するのも簡単ではありません。その後にやはりゆっくりと性欲がついてくるイメージです。そして高まった興奮が収まるのも男性よりゆるやかです。

図にするとP74の図のような感じでしょうか。立ち上がりも収まりもゆるやかな女性に対し、男性はどちらも急ではっきりしています。

男女ともにこのズレを認識しておくことはとても大事です。というのも、この行き違いがセックスレスや嫌な思いにつながることは珍しくないためです。

男女の性的反応の違い

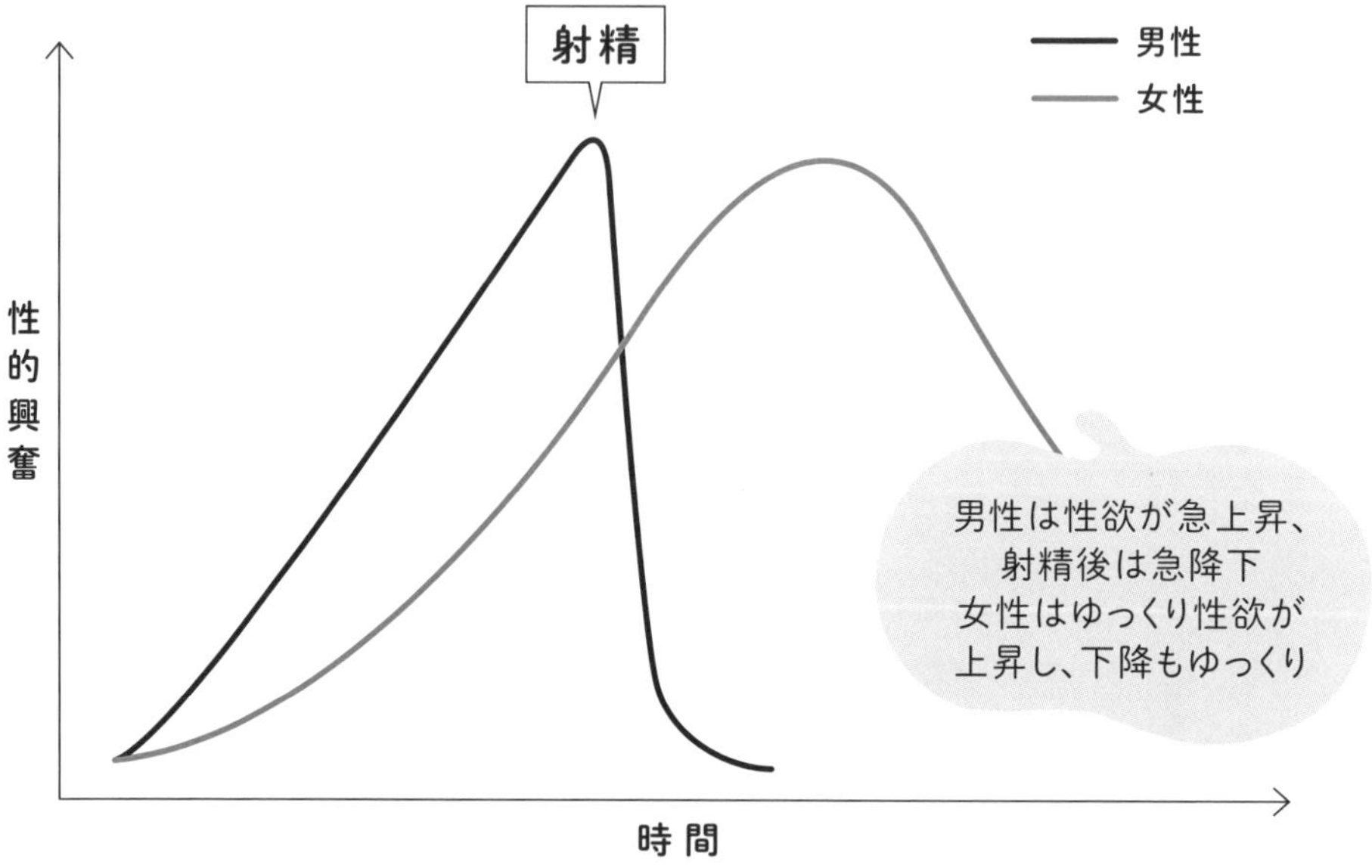
射精
男性
女性
性的興奮
男性は性欲が急上昇、
射精後は急降下
女性はゆっくり性欲が
上昇し、下降もゆっくり
時間

例えば男性はセックスの前戯や後戯をおろそかにしがちですが、それも上の図を見るとよく理解できます。男性の性的興奮が急激に高まり、女性の気分や体の準備が整わないうちに挿入すると、女性にとっては痛みを伴う楽しくないセックスになります。また、**射精後には女性の興奮が続いている一方で、男性は一気に平常心に戻ってしまう傾向があり、それが女性側の不満として現れやすい**です。このようなズレを解消するのは、男女差の知識を身につけた上で互いを思い合うコミュニケーションです。

女性がゆっくりと性的に高まっていく過程では、リラックスと適度な性的コミュニケーションが必要です。ムードのある空間やスキンシップ、優しい声掛け、ＢＧＭなどが有効です。その過程で相手への不信感など不安やストレスが生じると女性は興奮できません。女性の性欲を高めるには、ストレスのないリラックスできるコミュニケーションが必要だということです。

セックスOKのサインを決める

セックスをしていいかどうかの同意をとる「性的同意」は、夫婦や長年連れ添ったパートナー同士でも必須です。

しかし、性的同意の概念が浸透していない時代に青春期を過ごしたミドルエイジの人々にとっては、夫婦（や付き合いの長いパートナー）で性的同意をとることが難しいのも事実です。性的同意に至らず、断られてしまうことが続いてしまったことで誘いにくくなり、セックスレスになってしまうのでは……という懸念もあるかもしれません。しかし、性的同意や断る権利が大切であることもまた言うまでもありません。

そのジレンマを解決する方法として、**パートナー間でセックスについてのサインを決め**

るという手段があります。

昔、その夜にセックスをしてもいいかどうかを表明する「ＹＥＳ／ＮＯ枕」というものがありました。表に「ＹＥＳ」裏に「ＮＯ」と書いてある枕で、その枕の向きでパートナーの意向を理解する、というものです。「セックスがＯＫかどうか」はなかなか伝えにくいものですが、それをモノに託すことでコミュニケーションをとりやすくするという工夫です。

それと同じように、「〇〇のパジャマを着ている夜はＯＫ」とか、「晩御飯に赤ワインが出たらＯＫの合図」などと、パートナー間でだけ通じるサインを作っておけば、照れずに性的同意をとることができますね。

気持ちのバリアをほぐしていく

先ほど女性の性欲の立ち上がりがゆるやかで、気分やムードに左右されることを解説しましたが、これは、セックスまでのアプローチを変えれば乗り気になれる可能性があるという意味でもあります。

なんとなくセックスしたくない……という方は、無意識のうちに心にバリアを張っているかもしれません。でも、スキンシップを増やしたり、いいムードの空間を作る工夫をしたりすればそのバリアはほぐれるかもしれないのです。

パートナーである男性の側も、セックス以前のコミュニケーションやスキンシップを大切にすることで女性の気持ちが変わる可能性があることは知っておいていいでしょう。

性的コミュニケーションをとる場所を変えることも、気持ちに大きな変化をもたらすかもしれません。寝室にこだわらず、居間やキッチンなどでもいいでしょう。

ただ、医師として付け加えなければいけないのは、多くの人がそういう場所の筆頭として思い浮かべるであろうバスルームはあまりおすすめできないということです。というのも、バスルームは滑りやすいですから、転んで怪我をする方が後を絶たないからです。

一緒にお風呂に入ってイチャイチャするのはいいですが、それ以上は場所を変えたほうがいいでしょう。

婚外交渉のリスク

アプローチを変えることや場所を変えること以外に、「相手を変える」という方もいるかもしれません。

浮気・不倫という婚外交渉を選ぶ方が少なからずいて、しかもその数が増えているのは事実のようです。ジェクス・ジャパン・セックスサーベイ2020のデータを見ると、女性の46・3％、男性の67・9％が「不倫したことがある」と答えています。前回（2017年）のデータでは「ある」と答えたのは女性24・4％、男性は37・0％でしたから、急増しつつあることになります。

実際、私のクリニックにも「夫でない人とのセックスで性感染症をうつされた」などと駆け込んでくる方が後を絶ちません。

倫理的な問題はともかく、それぞれの人には複雑な事情があるかもしれませんし、婚外での関係があるおかげで家庭が維持できている場合さえあるでしょう。

しかし、もし婚外交渉によって妊娠してしまうと、問題は一気に深刻になることは知っ

パートナー（恋人や結婚相手）以外の人とセックスをしていますか？
※浮気、不倫、性風俗の利用を含む

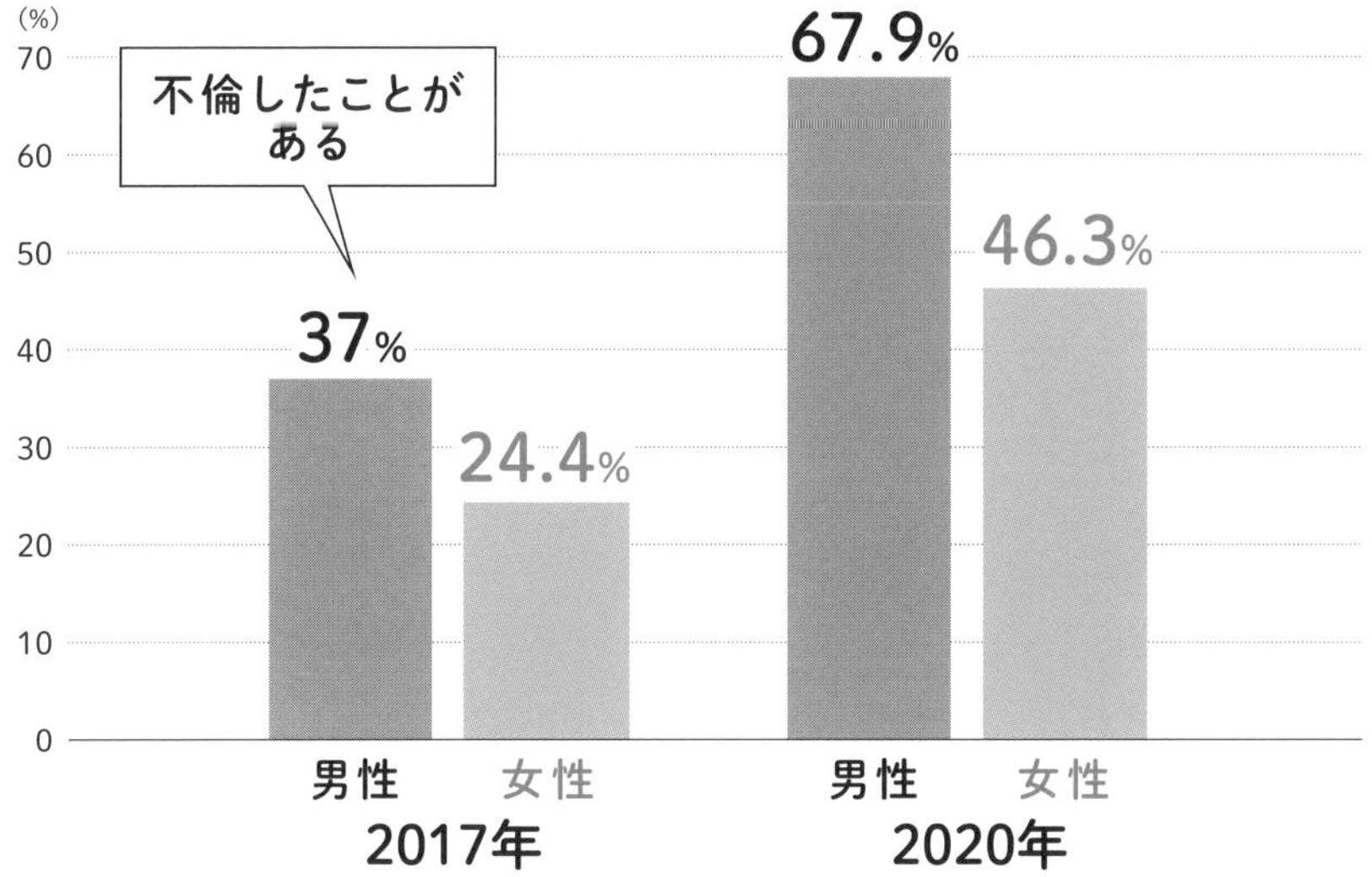

出典：一般社団法人日本家族計画協会「【ジェクス】ジャパン・セックスサーベイ2017」、「【ジェクス】ジャパン・セックスサーベイ2020」

ておいてください。

日本では、婚外交渉によってできた子どもでも、セックスの相手ではなく戸籍上の夫が父親であると見なされます。そして、**中絶には父親の同意書が必須**です。

もし父親ではない人が同意書を書くと有印私文書偽造罪に問われます。したがって妊娠してしまった場合、婚外の関係を隠し通すことはできません。

私も、中絶を希望される女性には必ず婚姻関係にある相手がいるか確認しますし、いたら同意書をとります。私以外の医師も同じでしょう。そして、婚外交渉による妊娠で来院される女性も後を絶ちません。

産婦人科医 mama女医ちえこ

人気セレクション 2

チャンネル登録数15万人を超える
ママ女医ちえこ先生の
人気YouTubeチャンネルから、
再生回数が特に多かった選りすぐり動画の
内容をシェアします。
さらにディープなお話は
ぜひYouTubeチャンネルでご覧ください。

女性の性欲が高まる時期

私たちの体の中で、性欲や性的興奮に影響を及ぼすのは、男性ホルモンの「テストステロン」だと考えられています。

男性はテストステロンが思春期に急激に増加して20歳ごろから徐々に低下します。そのため10〜20代が性欲のピークと言えます。もちろん、ホルモン以外にも精神面や脳の働きも関連しており、個人差があります。

女性の性欲についてはもう少し複雑で、テストステロンだけではなく、女性ホルモンのエストロゲンとの関連が大きいと考えられています。

女性も、卵巣からテストステロンが分泌されています。思春期ごろに分泌量が増加し、10〜20代でピークを迎えます。

一方、エストロゲンの分泌量は20代半ばから30代前半がピークで、それ以降は徐々に減っていきます。

この「テストステロンの分泌が多い10～20代」と「エストロゲンの分泌が多い20代半ば～30代前半」が女性にとって性欲の高まる時期と考えられています。

30代後半～40歳ごろに性欲がピークとなるという説もあります。これは、エストロゲンの低下によりテストステロンの影響が相対的に大きくなるからと考えられます。

もちろん、年齢だけが基準になるわけではありません。

生理周期の中でも性欲が高まる時期があります。

女性ホルモンとの関係で考えると、排卵日の少し前にエストロゲンが多く分泌されるので、この時期に性欲が高まるのは自然なことでしょう。

生理前にムラムラするという人もいますね。

なお、産後の女性は、妊娠中にたくさん分泌されていたエストロゲンが急激に減少し、また母乳を出すために分泌されるホルモン「プロラクチン」には、性欲を減退させる作用があるといわれています。

そうでなくても、24時間体制での赤ちゃんのお世話で疲れ切っている人も多いので、性欲どころではないかもしれませんね。

このように、性欲にはホルモンの変化や精神面、環境など様々なことが関係しています。

自分の心と体に向き合って、上手に性欲とお付き合いしていけるといいですね。

第4章

セルフプレジャー実践

まずはセルフプレジャーから

さて、ここまでパートナーとのセックスにいたる過程について解説してきました。次からはいよいよ相手の体に触れていくのですが、その前にもう一つ、**セルフプレジャー**（自慰／マスターベーション）について解説しておきます。セックスとは別にセルフプレジャーを楽しむことにはメリットも多いためです。

セルフプレジャーも性行為であるため、膣を若々しく保つ効果があります。また、生理痛が軽くなったり※片頭痛を軽減できる※といった効果もあります。幸せホルモンであるオキシトシンも分泌されます。

しかしそれら以上に強調したいのは、**セルフプレジャーによってご自分の体と性への理解を深められる**ことです。そのため、セックスをより楽しめるようになるのです。

とくに女性はどうしてもセックスで受け身になりがちですが、セルフプレジャーで経験

自慰（マスターベーション）の頻度はどのくらいですか？

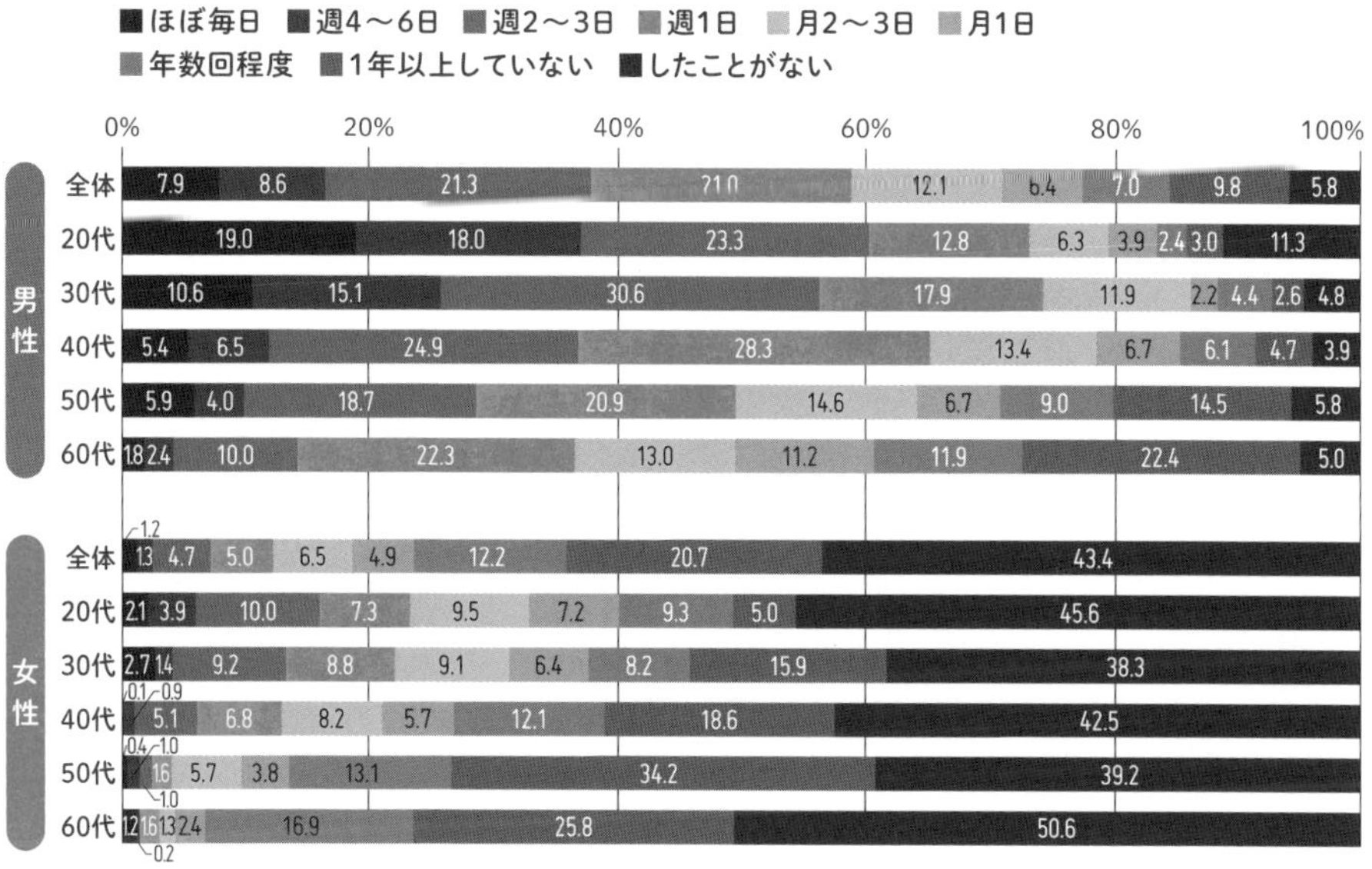
ほぼ毎日
週4～6日
週2～3日
週1日
月2～3日
月1日
年数回程度
1年以上していない
したことがない
0%
20%
40%
60%
80%
100%
男性
全体 7.9 8.6 21.3 21.0 12.1 6.4 7.0 9.8 5.8
20代 19.0 18.0 23.3 12.8 6.3 3.9 2.4 3.0 11.3
30代 10.6 15.1 30.6 17.9 11.9 2.2 4.4 2.6 4.8
40代 5.4 6.5 24.9 28.3 13.4 6.7 6.1 4.7 3.9
50代 5.9 4.0 18.7 20.9 14.6 6.7 9.0 14.5 5.8
60代 1.8 2.4 10.0 22.3 13.0 11.2 11.9 22.4 5.0
女性
全体 1.2 1.3 4.7 5.0 6.5 4.9 12.2 20.7 43.4
20代 2.1 3.9 10.0 7.3 9.5 7.2 9.3 5.0 45.6
30代 2.7 1.4 9.2 8.8 9.1 6.4 8.2 15.9 38.3
40代 0.1 0.9 5.1 6.8 8.2 5.7 12.1 18.6 42.5
50代 0.4 1.0 1.0 1.6 5.7 3.8 13.1 34.2 39.2
60代 1.2 0.2 1.6 1.3 2.4 16.9 25.8 50.6

※出典：一般社団法人日本家族計画協会「【ジェクス】ジャパン・セックスサーベイ2020」

を積めば主体的になれます。さらには、オーガズムを経験したことがない女性なら、まずは**セルフプレジャーでオーガズムを経験することでセックスでもオーガズムを得やすくなる**でしょう。

ところが、セルフプレジャーを楽しんでいる日本人女性は多くありません。半数弱の女性はそもそも一度もセルフプレジャーを経験したことがなく、週に1回程度行っている女性は数%しかいません。そしてやはり、年齢が上がるほどセルフプレジャーを経験したことのある女性の割合は減ります。

セルフプレジャー未経験者がほとんどおらず、50代でもおよそ半数は週1回以上のセルフプレジャーを楽しんでいる男性とは対照的です。

刺激のポイントは3か所

セルフプレジャーの流れですが、まず、プライバシーがしっかり保たれリラックスできる環境を用意してください。

女性はエロティックなイメージによってゆっくりと性的に興奮していきます。

もちろんエロティックな動画がセルフプレジャーに必須というわけではありませんが、気分を高めるためには効果的です。今は女性向けAVもいろいろと作られていますから、それらをご覧になってもいいでしょう。ただし、視覚的な刺激によってただちに性的興奮を得やすい男性のために作られたAVは女性のセルフプレジャーには向きません。

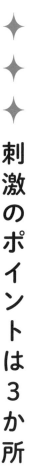

次はいきなり膣やクリトリスに触れるのではなく、腕や首、胸、お腹などをやさしくさすってみましょう。少しずつセクシュアルな気分になっていくことが自覚できるはずです。そうなったら徐々に性器の周辺に手を進め、性感帯を刺激していきます。

ここで知っておいていただきたい重要なことが一つあります。クリトリスやGスポッ

新しい自分を知るセルフプレジャー

リラックスできる場所や雰囲気の中で、自分の体をマッサージしたり、
気持ちいい場所を刺激してみましょう

1 首や肩をマッサージしたり、胸やお腹に優しく触れてみましょう

2 胸の気持ちいいポイントに触れてみましょう

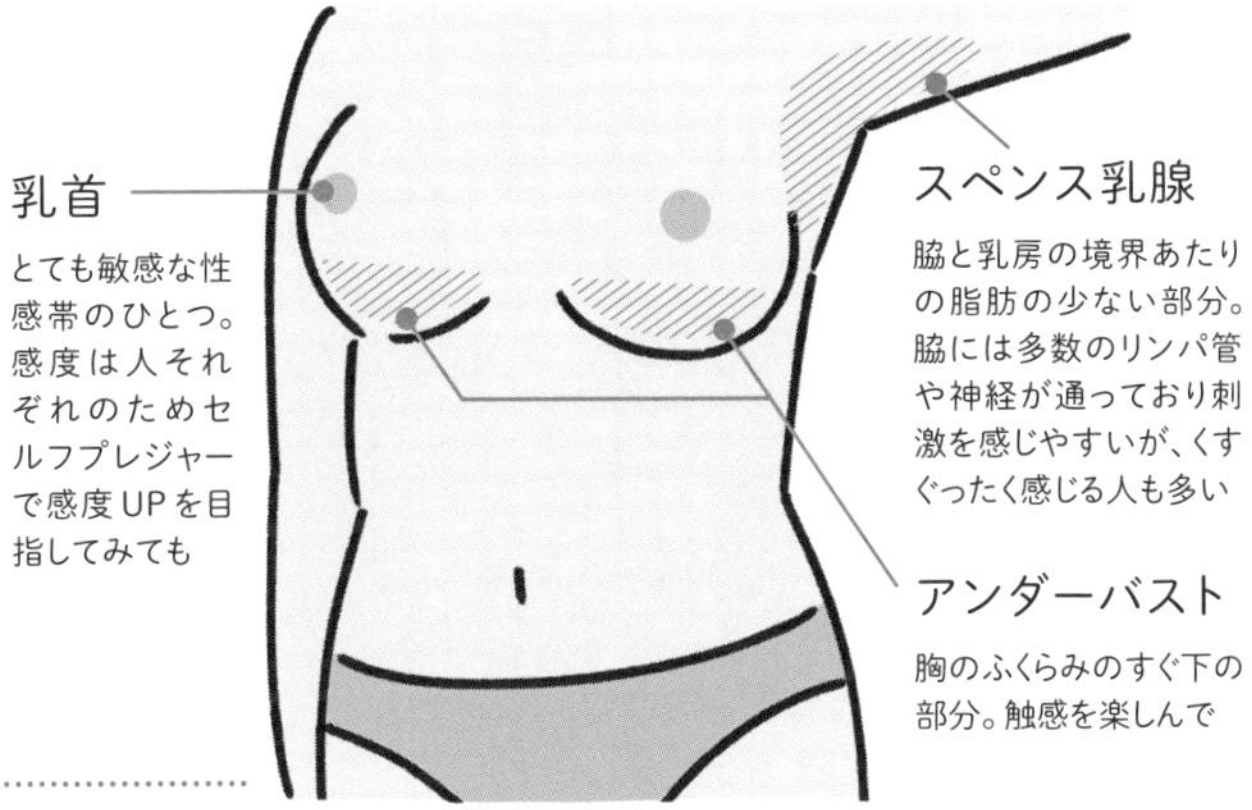
乳首
とても敏感な性感帯のひとつ。感度は人それぞれのためセルフプレジャーで感度UPを目指してみても
スペンス乳腺
脇と乳房の境界あたりの脂肪の少ない部分。脇には多数のリンパ管や神経が通っており刺激を感じやすいが、くすぐったく感じる人も多い
アンダーバスト
胸のふくらみのすぐ下の部分。触感を楽しんで

3 脇の下からアンダーバストにかけ、優しく触ってみる。触れるか触れないかのフェザータッチも試してみて

4 アンダーバストを撫でたり、親指でスペンス乳腺を刺激しながら揉んでみる

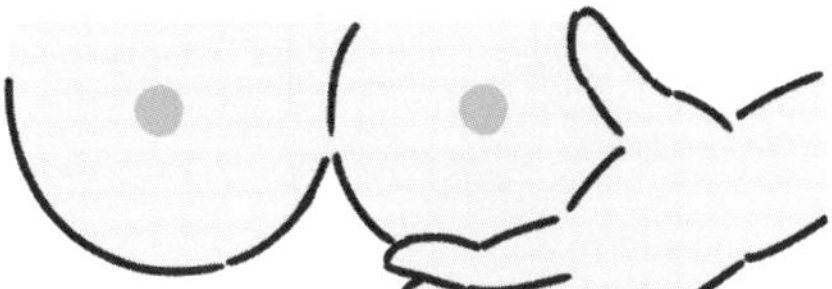

5 乳首への刺激は、幸せホルモン「オキシトシン」を高めてくれる

5-1
指先で乳首や乳輪をクルクル撫でる

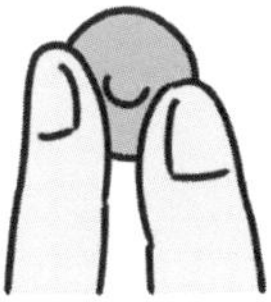

5-2
乳首を優しくつまむ

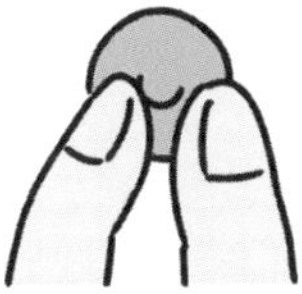

5-3
乳首をつまんだまま上下に動かす

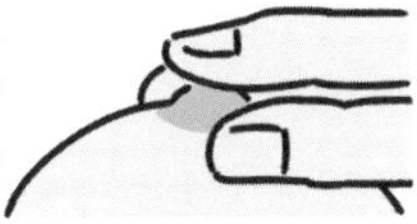

5-4
親指と中指で乳首をつまみ、人差し指で先端を刺激

トなどの性感帯をいくつか紹介しましたが、**女性の主要な性感帯は大きく分けて3種類（クリトリス、膣内部、乳首）があり、それぞれつながっている神経系が異なる**ということです。

クリトリスは**「陰部神経」**が司っています。膣内の性感帯であるGスポットとPスポットは陰部神経ではなく**「骨盤神経」**がつながっています。子宮膣部にあるPスポットや膣深くのAスポットには**「下腹神経」「迷走神経」「骨盤神経」**の3種類の神経系が来ています。乳首刺激は幸せホルモンのオキシトシンを高め、オーガスムを得やすくしてくれます。

難しく感じた方もいらっしゃるかもしれません。大切なことは、**「複数のポイントを同時に刺激する」**ことです。

たくさんの性感帯が知られていますが、女性によって、ポイントごとの敏感さ、感度は様々です。それぞれのポイントの気持ちのいい刺激のしかたをセルフプレジャーなどを通して経験していくと、女性自身も気持ちよくなりやすい方法を知ることができますね。パートナーとセックスする場合も、どのような刺激が気持ちいいか自分で理解していれば、それを伝えることができます。

女性のオーガズムに達する神経5種

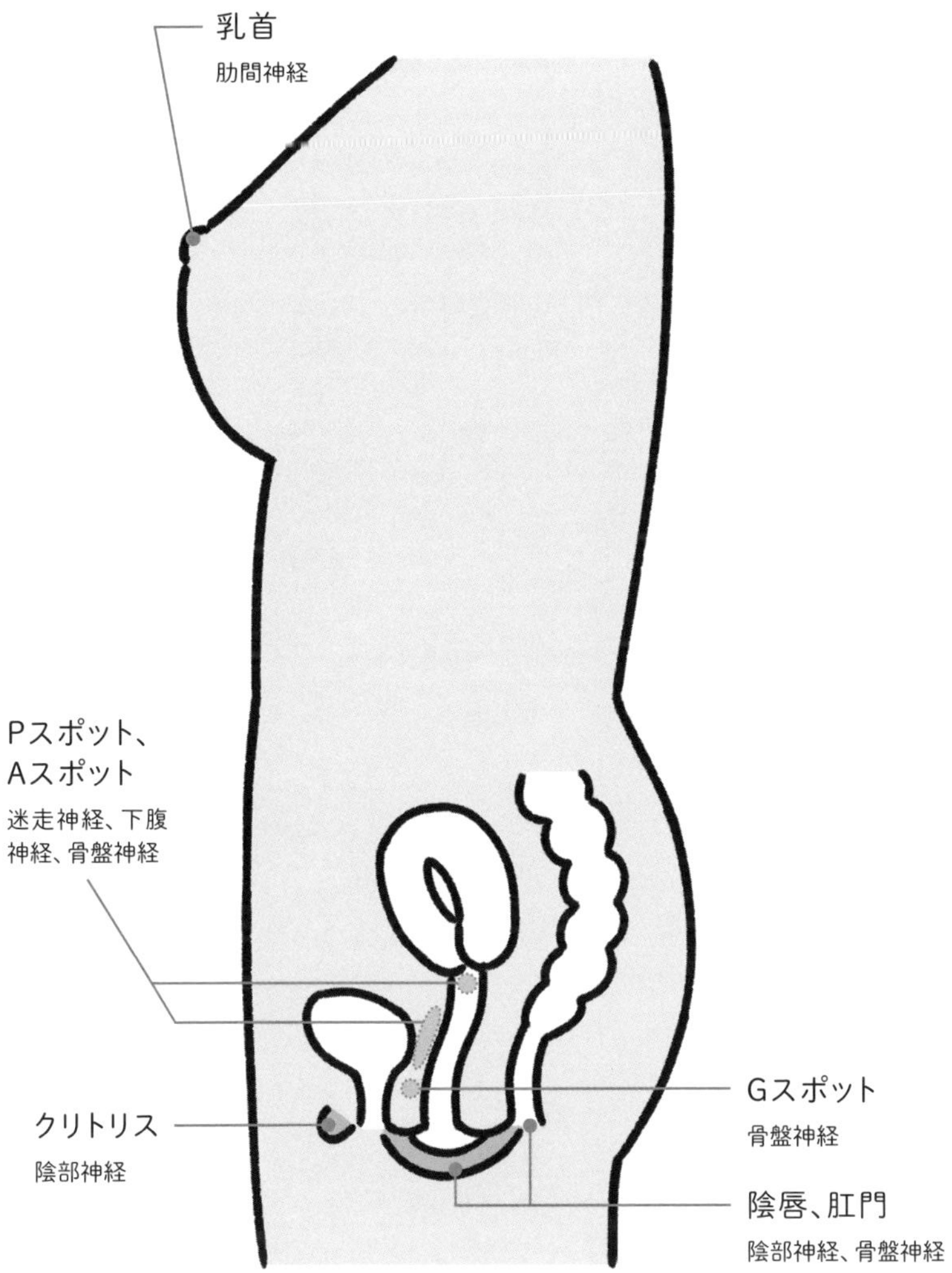
乳首
肋間神経
Pスポット、
Aスポット
迷走神経、下腹
神経、骨盤神経
クリトリス
陰部神経
Gスポット
骨盤神経
陰唇、肛門
陰部神経、骨盤神経

- 複数の神経系を同時に刺激することにより、
  女性をオーガズムに導ける可能性がUP
- 難しく考えず、複数のポイントを同時に刺激する
- 乳首への刺激は幸福感を高める効果がある

こうした構造も知った上でポイントごとの性感を高めていくと同時に、複数のポイントをなるべく同時に刺激していくことで、相乗効果で性感が高まり、オーガスムに達しやすくなります。特に**乳首刺激によるオキシトシン経路による脳刺激はオーガスムをサポートするだけでなく、幸福感を高める効果もある**ためぜひ取り入れていきたいですね。

道具を使ってもっと楽しむ

では、どのようにすればオーガズムを導くための性感帯（神経系）にアプローチできるのでしょうか。

性感帯の刺激にはご自分の手を使うだけでなく、道具に助けてもらうという方法もあります。

「女性用　セルフプレジャーグッズ」「セルフプレジャー　道具」などのキーワードでネットを検索すると様々なアイテムが出てきます。振動によって性器を刺激するバイブレーターやクリトリスを吸引して刺激するもの、また、膣に挿入するタイプもあります。

膣やクリトリスで性感を司っている感覚受容器である「クラウス小体」は40-80Hzの振

女性器の性感帯を見つけてみよう

1 まずは清潔な手で、下着の上からクリトリスを刺激してみましょう

2 下着の上からの刺激に慣れてきたら、今度は女性器に直接触れ、クリトリスを刺激してみましょう。三つの触り方以外にも、指ではじいてみたり、つまんでみたり、色々な刺激を試してみて

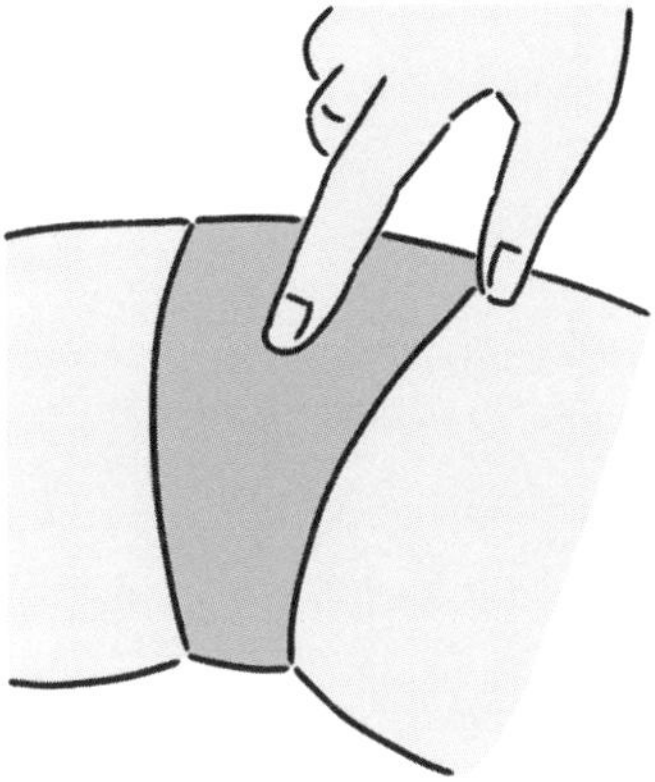

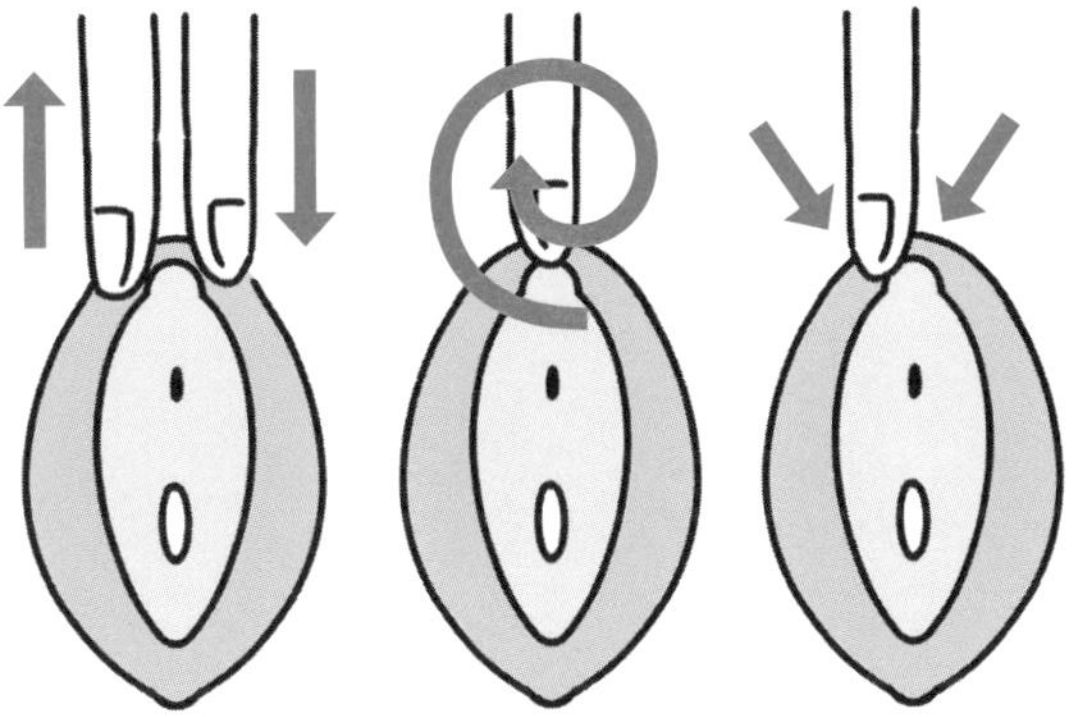

2-1 人差し指と中指でクリトリスを挟んで上下に刺激する

2-2 人差し指または中指の腹をクリトリスの頂点に置き、円を描くように触る

2-3 人差し指または中指の腹でクリトリスを押し、圧迫する

3 膣を刺激するときは、中指がおすすめ。このような手の形で膣に挿入します。刺激に慣れたら人差し指を増やしても◎

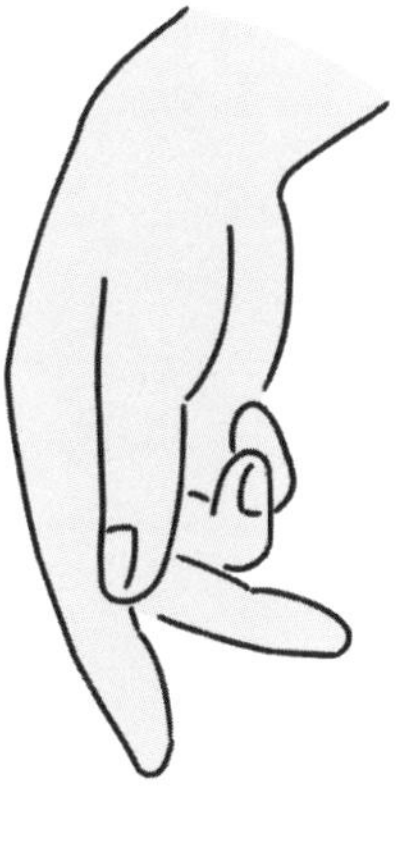

4 腹部側にＧスポット、Ａスポットがあります。指先だけでなく、面を意識して刺激してみましょう。痛みがある場合は潤滑剤を使用して

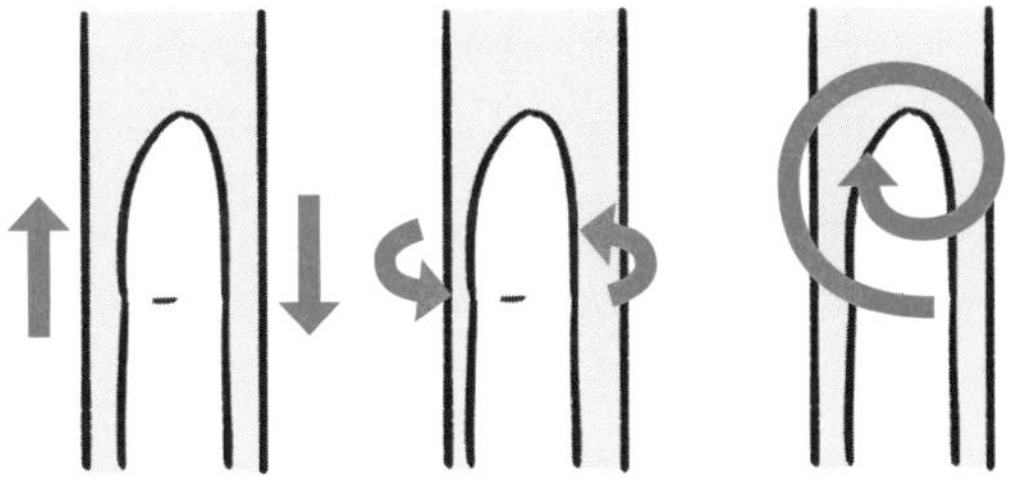

4-1 中指を膣に入れ、優しく上下に動かす

4-2 指を膣に入れたまま、手首を回してみる

4-3 円を描くようにクルクルなぞる

動に敏感であるという研究も示す通り、※バイブレーターはとても効果的に陰部神経を刺激することができます。また膣に挿入するいわゆるディルドはGスポットやAスポット、Pスポットを刺激できますから骨盤神経や下腹神経、迷走神経を同時に刺激して楽しむことができますね。

「道具を使う」というと抵抗を覚える方もいそうですが、今は「ｉｒｏｈａ」などおしゃれであか抜けたものがあります。また、同シリーズには一見、口紅のようなデザインのバイブレータなどもあり、万一人に見られてもわからないような製品もあるので興味のある方はぜひチェックしてみてくださいね。ドラッグストアなどで実物を見られる場合もあります。

自分が気持ちいいと感じる強さや触り方を探りながら、手で、あるいはこうした道具を使って性感帯を刺激していきます。

クリトリスはもっともオーガズムを得やすい部分ですが、とても敏感なので、最初は下着の上からそっと触れるところから初めて、慣れてきたら徐々に指で直接触れてみる、そこからさらに慣れてきたら道具を試してみる、といったステップで進めていくのがいいでしょう。

クリトリスではオーガズムに達せるけれど他の場所では難しい、という方はクリトリス以外の性感帯も刺激して、他の神経系も開拓してみましょう。

「気持ちいい」と感じられる刺激を与え続けていると、だんだんとその気持ちよさが骨盤全体に広がっていくはずです。さらに続けていると、**はじけるような感覚が襲い、膣や下半身の筋肉がびくびくとリズミカルに収縮します。それがオーガズムです。**

刺激をはじめてからオーガズムに至るまでは、長い方だと30分以上かかります。あせらず、リラックスして刺激を与え続けてください。

それから、もしオーガズムに至れなくても問題ありません。繰り返し試しているうちに「あ、いきそうだ」という感覚をつかむと、オーガズムを得られるようになるでしょう。

セルフプレジャーをすると自分の気持ちよくなりやすいポイントを把握できるので、セックスの際にもそこを相手に刺激してもらうことでよりオーガズムに至りやすくなります。

言葉で伝えてもいいですし相手が刺激しやすいように体を動かしたり、相手が触れたら気持ちいいことを声や仕草で伝えるなど、遠回しに誘導する方法もあります。

第5章

女医が男性に伝えたい性のこと

勃起を妨げるたくさんの「壁」

そもそも勃起とはどういう現象なのでしょうか？　そのメカニズムを簡単に解説すると、

- 性的興奮が神経系によって脳から下半身まで伝えられる
- 血管の「内皮細胞」から一酸化窒素が放出され、その作用で下半身の動脈が拡がる
- 陰茎の海綿体に血液が流れ込み、勃起する

という段階があります。

裏を返すと、これらのどの段階が阻害されても勃起はうまくいかないということです。

例えば、男性ホルモンの低下やストレス、メンタルの不調によって脳が興奮しないと勃起しません。また、糖尿病などで神経伝達機能が傷つけられると、やはり勃起しなくなります。一酸化窒素が十分に出なかったり、動脈が老化して拡がらなかったりしてもダメです。またアルコールも脳の中枢神経系に作用して興奮を鈍らせるため勃起を阻害します。

このように見ると、一言に「勃起」といっても、それまでに超えなければいけない壁は少なくないことがわかります。ミドルエイジになるとＥＤに悩む人が増えるのは無理もありません。

ＥＤの要因はこれだけある

ＥＤについてもう少し具体的に見ていきましょう。ＥＤのリスク要因は、主なものだけでもこれだけあります。

- 加齢
- 糖尿病
- 肥満と運動不足
- 心血管疾患と高血圧
- 喫煙
- テストステロン
- 慢性腎臓病と下部尿路症状（前立腺肥大症など）

● メンタル疾患（うつ病など）
● EDの原因になる薬

EDについてのもっともシンプルな解決策は、ED治療薬を飲むことです。怪しげな精力剤とは違い、はっきりとした効果が期待でき、安全性も確認された薬があります。日本で承認されているED治療薬は「バイアグラ」「レビトラ　ジェネリック」「シアリス」の3種類で、基本的には錠剤です。飲んでから効果が表れるまでの時間と効果が持続する時間、それから、食事の影響を受けやすいかどうかが違います。図にまとめましたから、目的に応じて飲み分けてください。

狭心症や心筋梗塞など病気を持っている方はED治療薬を服用することに注意が必要ですが、ほとんどの方は大丈夫です。ただしED治療薬は必ず病院で処方してもらってください。安価だからといって個人輸入サイトなどで購入すると、ニセ薬をつかまされて健康被害が出るリスクもあります。

ED治療薬にはかなりの効果を期待できますが、万が一、不十分だった場合にも**プロスタグランジンというホルモンを注射したり、陰圧式勃起補助具を使ったりする方法**もあります。

ED治療薬の図

ED治療薬	バイアグラ	レビトラ ジェネリック	シアリス
特徴	世界初のED治療薬で、日本では1999年に承認された最も古い薬。もともと狭心症の薬として開発されていたが、治験中に勃起不全への効果が発見された。	バイアグラの次に登場したED治療薬で、即効性の高さが特徴。2021年10月に発売元より販売中止が発表されたが、現在は代替薬としてレビトラジェネリックがある。	最も新しいED治療薬で、効果の持続時間が最大36時間というのが大きな特徴。2013年に世界シェア42%を記録した、人気のED治療薬。
効果が出る時間	服用後、30分〜1時間程度	服用後、30分程度	服用後、1時間程度
効果が最も高い時間	服用後、1時間程度	服用後、45分程度	服用後、1時間〜4時間程度
効果持続時間	5時間程度	5時間〜10時間程度	24時間〜36時間程度
飲み方	1日1回、24時間以上間隔をあける		
食事の影響	食事の影響を受けるため、食前に服用推奨。食後に服用する場合、脂質を少なめに選び、2時間ほど間隔をあける。	空腹時に服用推奨。700kcal未満の食事かつ脂肪の割合が30%以下(210kcal)以下であれば食事の影響は受けない。	空腹時に服用推奨。800kcal未満の食事であれば影響を受けない。
アルコール	適度なアルコール量であれば影響はない		
副作用	現れやすい ・顔のほてりや目の充血 ・腹部の張りや胃の不快感 ・鼻づまり ・頭痛		現れにくい ・軽度の頭痛、めまい、ほてりなど ・まれに消化不良や背部痛、筋肉痛がある
料金(目安)	バイアグラ: 50mg 1,500円 〜 1,600円／1錠 バイアグラ: 25mg 1,300円／1錠 バイアグラジェネリック: 50mg 900円 〜 1,030円／1錠 バイアグラジェネリック: 25mg 440円 〜 820円／1錠	レビトラ: 20mg 1,800円〜／1錠 レビトラ: 10mg 1,600円〜／1錠	シアリス: 20mg 1,600円 〜 1,900円／1錠 シアリス: 10mg 1,500円 〜 1,800円／1錠

自分でできるＥＤ治療

どうしても薬に頼りたくないという方や、薬と並行して自力でもＥＤを改善したい方には、いくつかのＥＤ対策があります。

● 運動をする

ストレスホルモンによる体への悪影響が減少、男性ホルモンが増加、勃起に大切な一酸化窒素が分泌されやすくなるなどの作用により、ＥＤ改善が期待できます。

● 痩せる

肥満の方は、男性ホルモンが低下しやすいです。やせることで男性ホルモンが回復しやすくなります。また、ほとんどの生活習慣病が改善に向かうため、血管の老化を防ぐことが期待できます。

● 禁煙

タバコに含まれる数百種類ともいわれる有害物質が、血管にダメージを与えて血管の老化を促進し、ＥＤを悪化させます。禁煙することで血管のダメージが回復し、勃起機能が改善あるいはＥＤの進行抑制が期待できます。

自己暗示でＥＤを治すノンエレクト法

体的には問題ないのに、**不安や緊張によって興奮が伝達されない心因性ＥＤの方には「ノンエレクト法」と呼ばれる、パートナーに協力してもらって不安を取り除く方法があります。**

「勃起させなければ」というプレッシャーによってかえって勃起しなくなるのが心因性ＥＤですが、ノンエレクト法はそれを逆手にとって、**「勃起してはいけない」と自分に暗示をかける**のがミソです。

まず通常のように前戯を行いますが、そのとき、**決して勃起してはいけません。**そして勃起していない状態のまま陰茎の根本をつかんでパートナーの腟に挿入し、その温かさを味わいます。

勃起しないまま一連の動作をこなす狙いは、「勃起しなければ」というプレッシャーから自由になった状態でセックスをすることで、勃起する感覚をつかむことです。最中にふと勃起してしまうことがあれば、その感覚が勃起のコツです。こうして勃起の感覚を身につければ、やがて正常に勃起するようになる可能性があります。

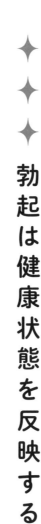

勃起は健康状態を反映する

ＥＤは単に「勃起しづらい症状」というだけではなくもっと複雑なものなのです。というのも、男性の勃起する力は、全身の健康状態を強く反映するためです。

中高年になると高血圧や脂質異常症、糖尿病など、生活習慣病やその予備軍になる男性が一気に増えてきます。それはそれで大きな問題ですが、実はこれらは「勃起」にとっても大敵なのです。

まず、こういった病気は動脈硬化という血管の老化を加速するため、勃起に必要な血管

EDや性欲低下を引き起こす代表的な薬の図

降圧薬
利尿剤（高血圧症や、心不全などの治療薬）、 Ca拮抗薬（高血圧症や、狭心症などの治療薬）
向精神薬
SSRI、SNRI、三環系抗うつ薬（うつ病などの治療薬）、 ベンゾジアゼピン系薬剤（抗不安薬や睡眠薬などの治療薬）
前立腺肥大症治療薬
α遮断薬（射精障害の報告がある）、 5α還元酵素阻害薬（男性型脱毛症治療でも使用される）

を詰まらせたり、血管が細く硬くなることで、勃起機能にダメージを与えます。また、糖尿病は全身の血管にダメージを与えますが、そこには神経系に栄養を運ぶ毛細血管も含まれます。したがって糖尿病では神経系もダメージを受け、障害を起こすことは珍しくありません。そのため、血管のダメージに加えて、脳からの性的な刺激が下半身にうまく届かなくなることで感度が悪くなってさらに勃起する力が落ちやすくなります。

それだけではありません。このような生活習慣病の治療薬には、副作用としてEDを引き起こすものが少なくないのです。代表的なものを上の図にまとめます。ちなみに、図にある通り、女性のセックスに悪影響を及ぼす薬も少なくありません。

ただ、多くの場合、こういった薬には、似たような効果を期待できる別の薬がいくつかあります。したがって、もしセックスへの悪影響を感じるのであれば、主治医に相談すれば、別の薬を処方してもらえる可能性があります。医師は患者の秘密を守ります。恥ずかしがらずに、相談してみるといいですね。

また、男性のＥＤや性欲低下の背景に**男性ホルモン（テストステロン）の低下**が隠れている場合も少なくありません。男性ホルモンの低下は、歳を重ねれば誰にでも起こるものですが、慢性的なストレスによって若いうちに男性ホルモンの低下が加速する人もおり、そういう方には**男性更年期障害**としてＥＤが現れる場合があります。

男性更年期障害としてのＥＤはランニングやサイクリングのような有酸素運動によって改善することがあります。有酸素運動には、血管を柔らかくしたり、ストレスを緩和して男性ホルモンを増加させたりする効果があるためです。

もちろん、男性更年期障害にはテストステロン補充療法（ＴＲＴ）や漢方薬などの医学的な治療法もあります。病院にかかる際にはメンズヘルスケア外来を標榜しているクリニックや泌尿器科などを訪ねてみましょう。事前に電話などで診療内容を確認しておくと安心ですね。

本当の早漏は超少数派

ここまでEDについて詳しく見てきましたが、男性の性の悩みとしてもう一つ、**「早漏」**が挙げられます。

ジェクス・ジャパン・セックスサーベイ２０２０「セックスに関して悩みごと（コンプレックスなど）はありますか？」の結果を見ると、どの世代の男性も３割前後の方が「挿入時間が短い」と悩んでいますが、同じ悩みを持つ女性は数％にすぎません。**男性には「長く挿入しなければいけない」という思いこみがある**のです。

先にも触れたＴＥＮＧＡヘルスケアによる理想の挿入時間のデータを図にすると、次ページの図のようになります。女性にとっての理想の挿入時間と実際の挿入時間との間に、結構なギャップがあることがわかると思います。

個人差もあるので断言はできませんが、一般に、日本人男性の挿入時間は女性にとっては長すぎる傾向があると言っていいでしょう。

実際の挿入時間と、女性が理想とする挿入時間

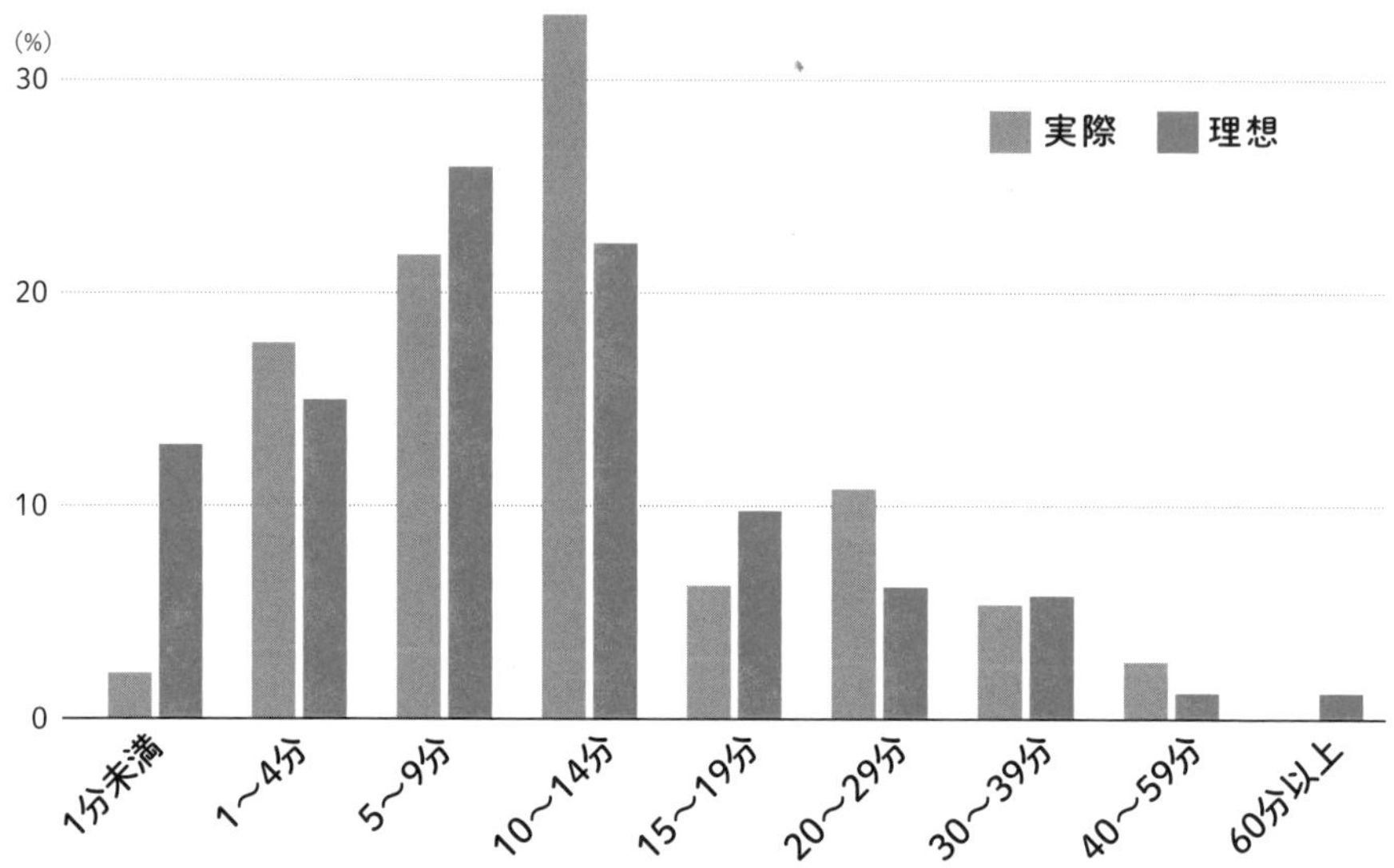

出典：株式会社TENGAヘルスケア「セックスの理想の挿入時間は何分か?挿入時間から早漏／遅漏を考える」

「自分は早漏なのではないか」と心配している男性もとても多いですが、医学的に早漏と定義されるのは、

- 挿入前に射精してしまう
- 挿入後、1分以内に射精してしまう

場合に限られ、そういう男性はごく少数です。

あるいは、男性本人が望む挿入時間よりも短い時間で射精してしまう人を「早漏」と呼ぶ場合もありますが、先ほど説明したように、男性の想定している挿入時間が女性が望むそれよりもかなり長いことを考えると、早漏の悩みも、実態より大きくなってしまっているかもしれません。

早漏を改善する方法

本当の早漏の男性も、改善する方法はいくつかあります。

ひとつは一人でも行える「スクイーズ法」です。通常のマスターベーションのように男性器を手で刺激し、射精しそうになったらいわゆる「裏スジ」を指で押さえて我慢する……というものです。これを繰り返すことで射精をコントロールできるようにします。

「セマンズ法」は、いわばスクイーズ法をパートナーと行うものです。パートナーが男性器を手で刺激し、やはり射精寸前で裏スジを押さえます。

スクイーズ法

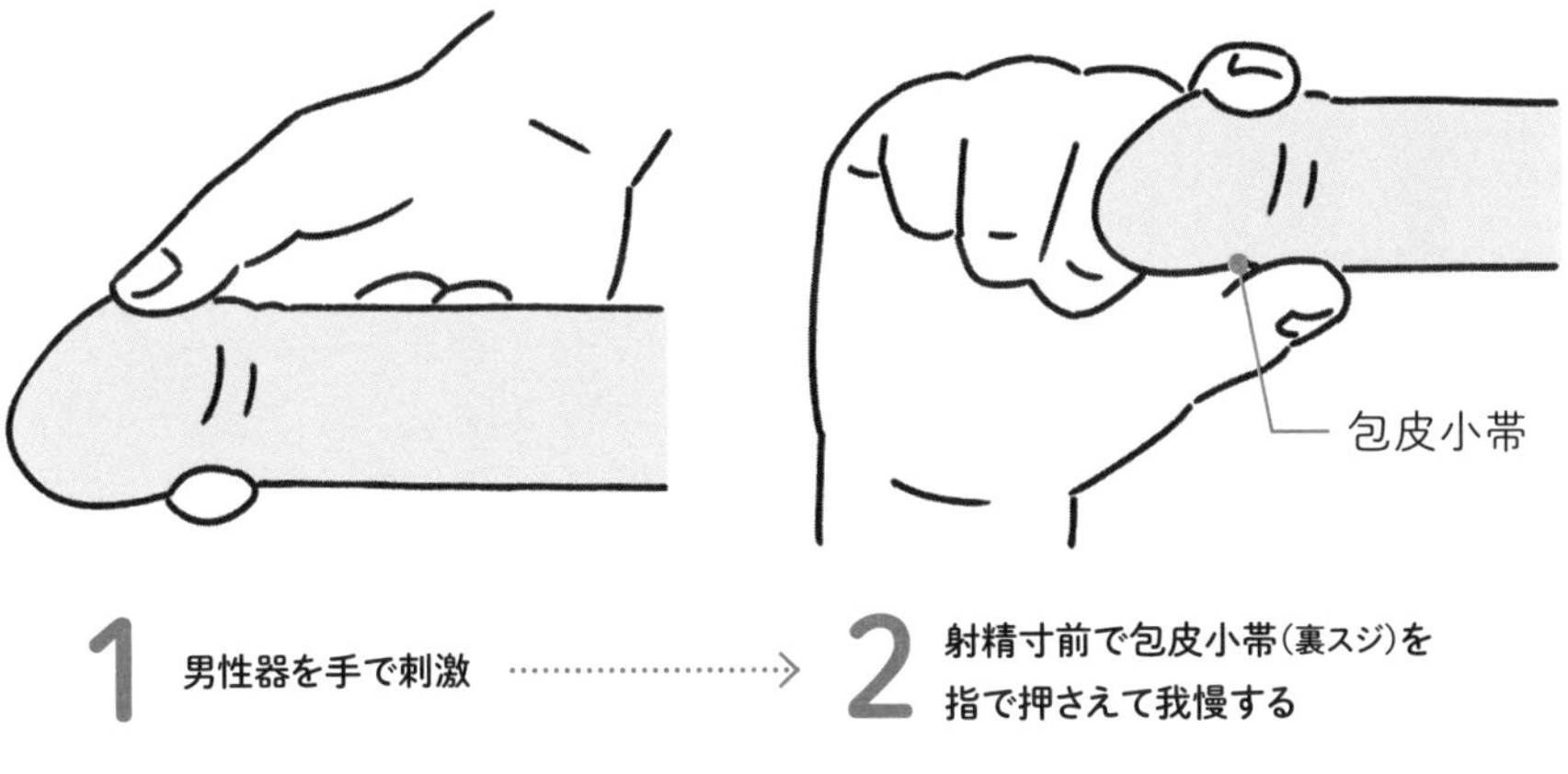

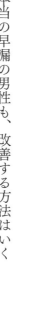

医師も認める精力剤・媚薬

ミドルエイジになると、精力剤や媚薬のようなもので体力の低下を補いたくなる方も多いようです。ほとんどが男性向けで、ＷＥＢでそういうサプリなどの広告を見かけます。

しかし残念ですが、結論から申し上げるとそういったものの大半にはエビデンスがないか、あっても非常に弱いのが現実です。

たしかにイチョウ葉エキスやマカなど効果があるとする論文が出されている成分もあることはあるのですが、医師が処方するＥＤ薬のような劇的な効果を期待するのは難しそうです。

そうなると医学的に効果が期待できる「精力剤」というと、やはり後ほど解説するＥＤ治療薬くらいになるのですが、他に一つだけ無視できない「媚薬」があります。

それはお酒です。**アルコールは適度な量ならば、男女ともエロティックな気分を盛り立ててくれる**ことがわかっています。特に女性にとっては、性的反応を高めてくれることが知られています。もし、長いことご無沙汰だったパートナーとのセックスを再開したいなら、アルコールは強い味方になります。

ただしもちろん過度のアルコールは人体にとって有害ですから、飲み過ぎには注意です。アルコールの強さは個人差が大きいので「このくらい」とお伝えするのが難しいのですが、ベロベロになってしまうようではセックスどころではありません。また、少量のお酒で顔が真っ赤になってしまう下戸の方は、発がんのリスクが高いため、なるべくアルコールを飲まないことが望ましいです。

ただし、ミドルエイジの男性にとって気をつけたいポイントとして、アルコールは勃起の妨げになることがあるため、あくまでも飲みすぎないように気をつけたいですね。

更年期とセックス

男女ともに更年期症状もセックスの障害になりえます。ただ、そのあらわれ方は男女でも異なりますし、個人差も大きいです。

女性の更年期症状は閉経の前後10年ほど、多くは40代後半から50代前半の女性に起こるもので、主な要因は女性ホルモンであるエストロゲンが急激に減少することです。

この時期にはメンタルや体に様々な不調が起こる可能性があり、性器の状態や性欲にも変化が現れます。それは、

①膣液の分泌に時間がかかるようになる
②性交のときに痛みを感じるほど膣液が減る
③膣の皮膚が薄くなって刺激に弱くなる
④性的な刺激や執着をしなくなる
⑤性感帯を刺激されても性的な反応が鈍くなる

といったもので、①②③はいずれも性交痛の原因になります。

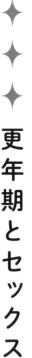

また、この時期は女性ホルモンが低下することにより、骨盤の血流が減少します。加齢とともに陰毛が薄く硬くなり、大陰唇、小陰唇、クリトリスのふくらみがなくなり、性的に興奮しても陰唇の色が変化しなくなります。膣壁はツルツルになり、厚みがなくなり、弾力を失います。膣を使ってのセックスをしていないと、膣は狭くなり長さも短くなります。

一方の男性更年期は男性ホルモンであるテストステロンの低下によって引き起こされますが、女性とは違い、徐々に低下していくのが特徴です。①勃起しにくい②射精しにくい③性欲低下、といった症状が現れる場合があります。

症状が30代のうちからゆっくりと現れはじめる場合もあります。具体的な症状は疲れや抑うつで、この年代の男性の「うつ」の一部は、更年期の症状だという説もあります。

さて、男女の更年期症状を見比べて、何か気づくことはありませんか？　そう、**男女ともに、挿入が難しくなる**のです。

男女問わず更年期の症状には個人差がありますから、性欲がさほど低下しない人も珍しくありません。しかし、**挿入によって痛みを覚えたり、勃起しづらくなるリスクはどうしても増えてしまう**のがミドルエイジです。

「セックス＝挿入」という幻想

ミドルエイジのセックスには、男女ともに加齢による様々な悩みがあることを見てきました。それぞれの原因や対策もお分かりいただけたかと思います。

しかし私は、もっと根本的な解決方法として、**「セックス＝挿入」という思い込みから抜け出す**ことを強く勧めたいと思っています。ここまで繰り返しお伝えしてきたように、実は女性は、それほど挿入にこだわっていなかったりするんですね。挿入がなくても十分にセックスを楽しむことができるのです。

妊娠を望み、自然妊娠を希望するカップルならば挿入・射精が必要ですが、ふたりの仲を深めたり、愛情を確認し合う性的コミュニケーションを目的としたセックスでは、無理に挿入にこだわることは男性が自信を失ってしまったり、女性の性交痛につながりかねません。

ですから私は、挿入にとらわれない、男性にとっても女性にとっても負担が少ないセックスを提案します。

第6章

挿入にとらわれないセックス

挿入しない心地よさを知る

セルフプレジャーによって性の喜びの可能性を広げられたら、パートナーとのセックスについても考えを深めましょう。

セックスで本当に大事なのは前戯です。セックスを一種のコミュニケーションと捉えた場合、前戯は親密さを増すための重要な触れ合いです。**前戯に時間をかければかけるほど興奮と満足度は増す**でしょう。

まずはじっくりと唇を重ね、濃厚なキスで興奮を高めたり、次第に首筋や背中に唇を這わせたり、指先でそっと触れるなどして、愛撫をはじめます。

その後、腕や胸元などに移ります。互いの反応を確かめながら、さらに足、太ももなどを愛撫しましょう。**乳首や性器といった一番敏感な部分に触れるのは最後です。**それまでじっくりと時間をかけてください。興奮のあまり激しい愛撫になりそうになっても、ソフトタッチを心掛けましょう。

ささやきが気分を高める

声をかけることも忘れないでください。「大好き」、「愛してる」といった愛情を伝える声掛け、「気持ちいい」「うれしい」など今の気持ちを伝える言葉が愛着と興奮を高めます。羞恥心を軽く刺激する言葉もいいですね。

ついためらってしまいがちですが、恥ずかしがらずにコミュニケーションをとってみてください。そして気持ちいいポイントをパートナーに伝えながら、互いに愛撫を深めましょう。

とはいえ、長い期間セックスから離れていた二人がいきなり満足感の高い前戯を行えるかというと少し疑問かもしれません。

でも大丈夫です。前戯の質を高め、挿入にとらわれずにセックスを楽しむためのトレーニング法が確立されているからです。

それがこれからお伝えする**「センセート・フォーカス・トレーニング」**※です。

オーガズムに達しやすくなるセンセート・フォーカス・トレーニング

センセート・フォーカス・トレーニングは、パートナーと行うセックスセラピーの一種です。「Sensate Focus」（感覚に集中）の名前どおり、**女性の全身の感覚を鋭敏にしてオーガズムに達しやすくする**目的で行われます。

このトレーニングは男女双方にメリットがあります。

女性にとっては、思わぬ性感帯を見つけるきっかけになります。女性の性感帯は自覚している以上にたくさんありますから、意外な場所に気持ちよさを感じられるケースはとても多いのです。

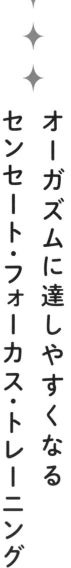

男性にとっては、なによりも「勃起しなければ」「挿入でイカせなければ」というプレッシャーから解放されることができます。愛撫だけでパートナーを満足させられることを知ればもっと自由にセックスを愉しめるでしょう。

濃密な触れ合いによって、親密感の増加や性的満足度の向上が期待でき、ミドルエイジ

触れられる人
・パートナーの肌触りやぬくもりを純粋に楽しむ
・自分が楽しむことを最優先に、パートナーに遠慮しない。もし不快感があった場合はすぐに伝える
・気持ちいいと感じる感覚を、恥ずかしがらずに声に出して伝える
触れる人
・悦ばせなければというプレッシャーは捨て、自分が楽しむことを最優先に触れることに集中する
・パートナーの触れ方を真似たり、比較しない
・今までに知らなかった性感を発見するために、色々な場所を様々な方法で刺激する。道具を使うのもおすすめ

のカップルにとってはいいことずくめなのです。

三つのルール

センセート・フォーカス・トレーニングを単なる愛撫にせず「トレーニング」としての効果を得るためには三つのルールを守る必要があります。

まず、**パートナーの肌触りやぬくもりを純粋に楽しむ**こと。お互いに、挿入や射精、オーガズムだけではなく、触れ合いそのものが目的であることを忘れないでください。

次に、**パートナーに「遠慮しない」**こと。もちろん、相手があってこそのセックスではありますが、センセート・フォーカス・トレーニングでは、自分が楽しむことを最優先にして、自分が気持ちいいと感じることと、性的興奮に集中しましょう。そうすることで、パートナーを悦ばせなければ、というプレッシャーから開放され、お互いが新しい性感を愉しむことができ、EDや不感症の改善に役立ちます。

最後に、センセート・フォーカス・トレーニングでは「触れる人」と「触れられる人」に分かれます。**触れられる側の人はその感覚に集中し、触れられることを楽しんでください。**そして、お互いの気持ちいいと感じる感覚を声にしてお互いに伝え合うことで、新しいセックスの愉しみ方を見つけることができます。

フェーズ0

まずは軽いボディタッチから

通常のセンセート・フォーカス・トレーニングは性的な愛撫からはじまります。セックスがご無沙汰な場合は、よりライトなボディタッチからはじめてもよいでしょう。

「触れる人」と「触れられる人」に分かれ、肩もみやマッサージなどで着衣の上から相手に触れていきます。男女のどちらが触れる側でもOKです。5～10分ほどかけ、リラックスして行ってください。

フェーズ1

役割を分けて相手を愛撫する

次に相手の首、耳、デコルテ、肩、腕、手指、背中、腹部、太もも、足の指、足の甲、膝の裏など、様々な部位を愛撫していきます。ただし、**まだ性器には触れてはいけません。**

フェーズ1は、着衣でも裸でも、どちらでも構いません。

この際にも「愛撫する人」と「愛撫される人」をはっきり分け、どちらの役割の人も**自分の行為や感覚に集中**できるようにしましょう。通常のセックスでは愛撫しつつ愛撫されることが望ましいですが、これはあくまでトレーニングなので、感覚に集中することが重要です。

このトレーニングは互いに今まで知らなかった性感を発見するのも目的ですから、体のいろいろな場所を、様々なやり方で刺激してみましょう。やさしく触れてみたり、触れる強さや触れるリズムをかえてみたりしてみましょう。新しい刺激を求めて羽根やバイブレーター、氷などの道具を使うのもいい手です。

愛撫する側は「パートナーは気持ちいいだろうか？」「下手と思われたらどうしよう」といった余計なことは考えず、相手に触れることに集中して、楽しんでみてください。

パートナーの肌の触感を優しく確かめるように触れてみましょう。

愛撫される側も同様です。性的興奮を妨げるようなネガティブな考えやプレッシャーを横において、触れられることだけを楽しんでください。「この部位も触られると気持ちいいんだ」「こんな刺激があったのか」と、今まで知らなかった新しい気持ちよさを発見しましょう。もし不快感があった場合は、すぐパートナーに伝えるようにします。

10分の愛撫が終わったら、**「愛撫される人」が「愛撫する人」に対してフィードバック**をします。される側が女性だった場合、このフィードバック自体もトレーニングになります。なぜなら多くの日本人女性は自分の性感を他人に伝えることが苦手だからです。**恥ずかしがらずに感想を伝えてみてください。**

ただし、相手にプレッシャーを与えるような否定的なことはできるだけ避けましょう。「〇〇が気持ちよかった」などとプラスのメッセージを中心にしてください。

ここまで進んだら、今度はお互いの役割を入れ替えてみましょう。必要がなければ、休憩を挟まずに交代して愉しむといいでしょう。ついパートナーの触れ方を真似したり、比較したりしがちですが、自分の感覚に集中して、触れることを純粋に愉しむのがポイントです。

日を改めてフェーズ1のみを繰り返し行うことで性感が深まるカップルもいます。フェーズ2に必ず進まなければいけないわけではありません。パートナーと話し合いながらフェーズを進めていきましょう。

フェーズ2　性器を含めて相手を愛撫

フェーズ1での「愛撫する人／される人」の分担を維持したまま、今度は**性器を含めて相手の全身を愛撫します。**ただし、オーラルセックス（フェラチオやクンニリングス）はこのフェーズでは行いません。次のフェーズで登場します。

だんだんと愛撫される側の性感が高まってくると思いますが、あくまでこのトレーニングは気持ちよさを発見することが目的ですから、愛撫はまだオーガズムに至らない程度にとどめてください。

フェーズ3　はじめてのオーガズム

女性が「愛撫される」側の場合、男性が勃起していたら、**女性が男性にまたがり騎乗位の体位で短時間だけペニスを挿入**します。女性上位の体位である理由は男性の性感が高まり過ぎるのを防ぐためと、男性の両手がフリーになるために愛撫を継続しやすいためです。

その後、ふたたび手（もしくは道具）、あるいはオーラルによる愛撫に戻り、愛撫される側をオーガズムに導きます。

男性が十分に勃起していなかった場合は、挿入はせずクンニリングスやフェラチオによって相手をオーガズムに導くといいでしょう。オーガズムに至らなくても問題ありません。今このときの感覚に集中しましょう。

フェーズ4 再びオーガズム

フェーズ3でオーガズムに至ったのが女性だった場合、続きのフェーズ4があります。今度は男性が上位で女性に挿入し、お互いがオーガズムを迎えるまで挿入します。ここでも、オーガズムに至らなくても問題ありません。今このときの感覚に集中しましょう。

以上を男女で役割を交替しながら行います。

繰り返しますが、挿入やオーガズムは必須ではありません。**「挿入しなければ」「オーガズムに達しなければ」というプレッシャーから解放され、新たな気持ちよさを見つけるためのトレーニング**です。センセート・フォーカス・トレーニングが男女にとって、私が提案したい「勃起や挿入にこだわらないセックス」への気づきになるでしょう。

快感を生むC感覚線維

私たちの皮膚には刺激を感じ取る受容器がたくさん分布しており、分布している場所や受け取る刺激によっていくつかの種類にわかれています。

中でもセックスで重要になるのが近年発見された「C感覚線維」です。C感覚線維は毛根部分にある線維（糸状のすじ）で、体毛の振動を感知して脳に伝えます。

C感覚線維の興味深い点の一つは、相手との関係性が感覚に影響することです。親密な相手からの刺激は快感として知覚されますが、そうではない相手だと不快に感じられます。ですから、パートナーといい関係を築いておくことはセックスで快感を得るためにも重要なのです。

もう一つは、C感覚線維を活性化して快感を得るためには「優しい」タッチが必要だということです。強い刺激を与えると痛覚に反応するAδ《エーデルタ》線維のほうが活性化してしまうため快感どころではありません。

そして最後に、C感覚線維がもっとも活性化するのは**愛撫する手が皮膚の上で動くスピードが秒速1～10㎝**であることです。試してもらうとわかりますが、これは極めて遅い速度です。

まとめると、愛撫によって快感を得るためには

- 相手との関係が良好である状態で
- 優しいタッチで
- ゆっくりと

肌に触れ合うことが大切だということです。

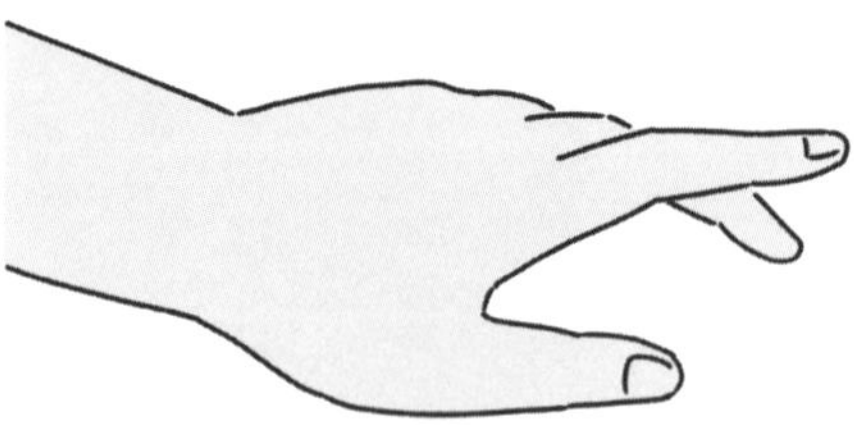

羽根で優しくなぞるような優しいタッチで、1秒に1～10cm動かす

キスで気持ちを盛り上げる

さて、センセート・フォーカス・トレーニングで快感を得るコツを掴み、適切なボディタッチについて理解を深めたところで、あらためて順を追ってセックスについて見直してみましょう。

まず忘れてはいけない重要な愛撫に**キス**があります。これはとくに気持ちを盛り上げる

口の中の性感帯

口の中は、異物や害があるものを体内に入れないためにも感覚は鋭く敏感。
気持ちのいいポイントを舌（または指や男性器）で刺激してみましょう。
奥まで入れると嘔吐反射が起こるので注意

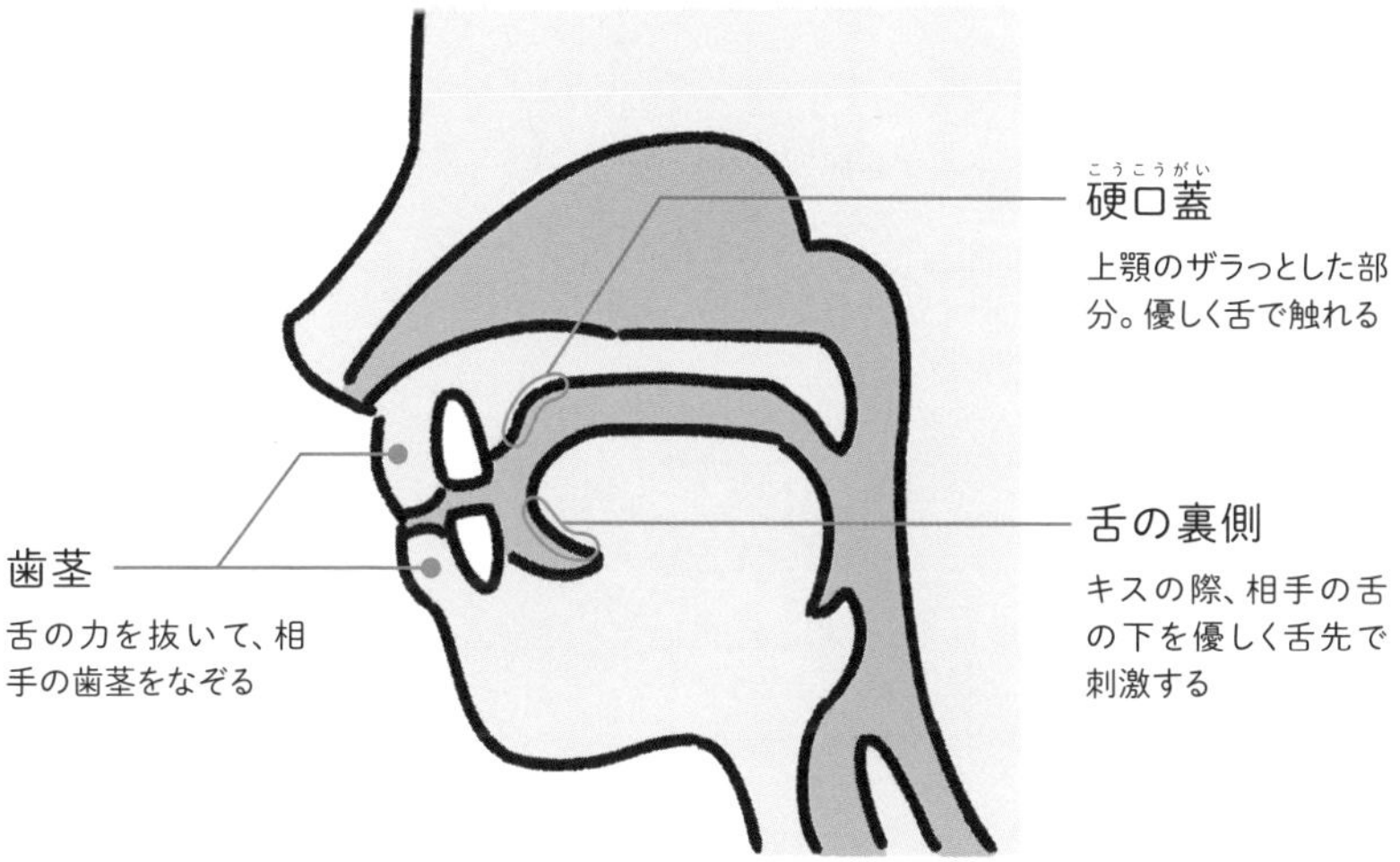
硬口蓋《こうこうがい》
上顎のザラっとした部分。優しく舌で触れる
舌の裏側
キスの際、相手の舌の下を優しく舌先で刺激する
歯茎
舌の力を抜いて、相手の歯茎をなぞる

ためにも重要なので、軽視すべきではありません。

まず、口臭のケアをしっかりとすること。当たり前ではありますが口臭が問題になりやすいミドルエイジでは特に意識しましょう。歯石や虫歯、歯周病などの口腔内のトラブルがあると口臭が悪化しやすいため、きちんと治療することが大切ですね。

次に、唇を尖らせるのではなく、力を抜いてわずかに口を開き気味にするような形でそっと相手の唇に触れましょう。そして**リラックスしてお互いの唇の感触を楽しむ**のがキスの第一段階です。毛がない唇にはC感覚線維はありませんが、愛撫の原則は変わりません。ゆっくりと優しく、です。

次のフェーズではお互いの唇を軽くくわえ

たり、吸ったりしてみてください。まだ唇どうしで触れ合うだけです。

次に、お互いの唇を軽く舌で触れてみてください。そして、相手の歯茎を舐めたり舌同士を触れ合わせたり、くわえたりしてみましょう。

心地いいキスのコツは力まないことです。男性向けAVにあるような強く吸い付くようなキスとは対極にあります。

唇も舌もリラックスさせたまま、次第に絡み合っていく感覚を楽しみましょう。あえて途中で唇を離して、見つめ合う時間を作るのもおすすめです。

キスの深まりとともに心と体の興奮が高まっていくでしょう。

全身への優しい愛撫

キスで興奮が高まったら、センセート・フォーカス・トレーニングを活かして全身への愛撫を行います。

トレーニングでは愛撫する人／される人の役割分担を明確に分けましたが、もちろんセックスではお互いに愛撫し合います。愛撫するときは愛撫すること自体を楽しみ、愛撫

されるときは快感に集中しましょう。

刺激が強くなったり焦って速くなったりしないように、優しく、じっくりと愛撫します。首筋、耳、鎖骨、胸元、腕、脇、手指、背中、お腹、太もも、足先、すね、膝裏など、全身を触れ合います。愛の言葉をささやき合ったり、気持ちがいいことを伝えたりするのもおすすめです。

乳首や性器など一番敏感な部位にはあえて触れず、焦らしながら興奮を高めていきましょう。

オーラルセックスは無理をしないで

二人の心も体も十分に興奮してきたら、**オーラルセックス**、つまり口を使った性器への愛撫に移行するのも手です。

ただし、オーラルセックスは必須ではありません。男性向けＡＶでは、とくに女性から男性へのオーラルセックス（フェラチオ）が必ず登場しますが、するのもされるのも苦手

オーラルセックスのポイント

なによりも潤いが一番重要。
唾液をたっぷりと出し愛撫する。カサカサの唇も注意

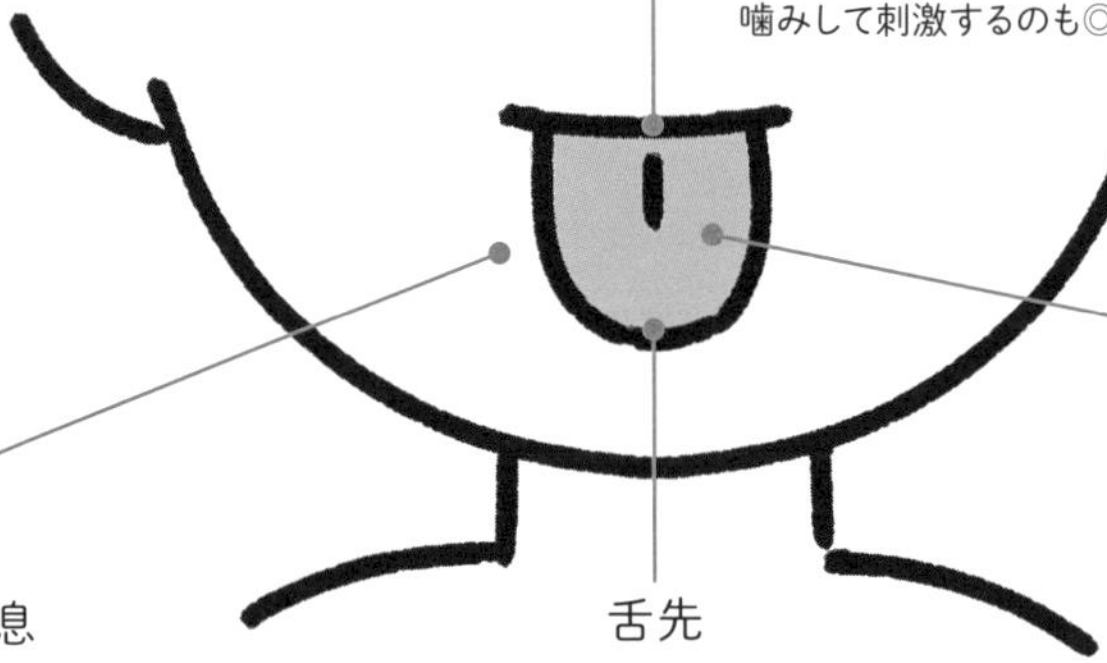
甘噛み
丁度いい加減で優しく甘噛みして刺激するのも◎
舌の表面
面を使って包み込むよう舐めたり、優しく吸ってみる
吐息
息をそっと吹きかけると、意外な刺激と温度の変化が楽しめる
舌先
尖らせたり、素早くリズミカルに動かすなど様々

な女性は一定数存在します。ですから、もしあなたが抵抗感を覚えるならば無理をする必要はありません。

ですが、もし苦手意識がないのであればとても効果的な愛撫であることは間違いありません。

女性から男性へのオーラルセックスでは、男性器をあまり深くくわえこまないことがポイントです。あまり喉の奥までくわえると嘔吐反射が起こり、えずいてしまい苦痛ですから、無理のない範囲で大丈夫です。

手を使うこともポイントです。口に含むのは亀頭部分だけで、陰茎は手でやさしくにぎって上下にマッサージしてみるなど愛撫しましょう。「ふくろ」の部分である陰嚢やお尻につながる会陰、さらには肛門付近も敏感

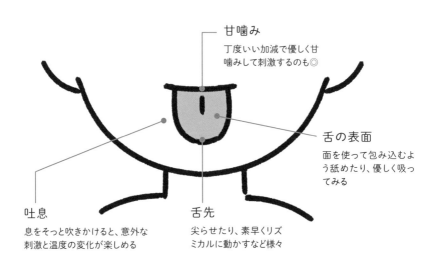

フェラチオのやり方

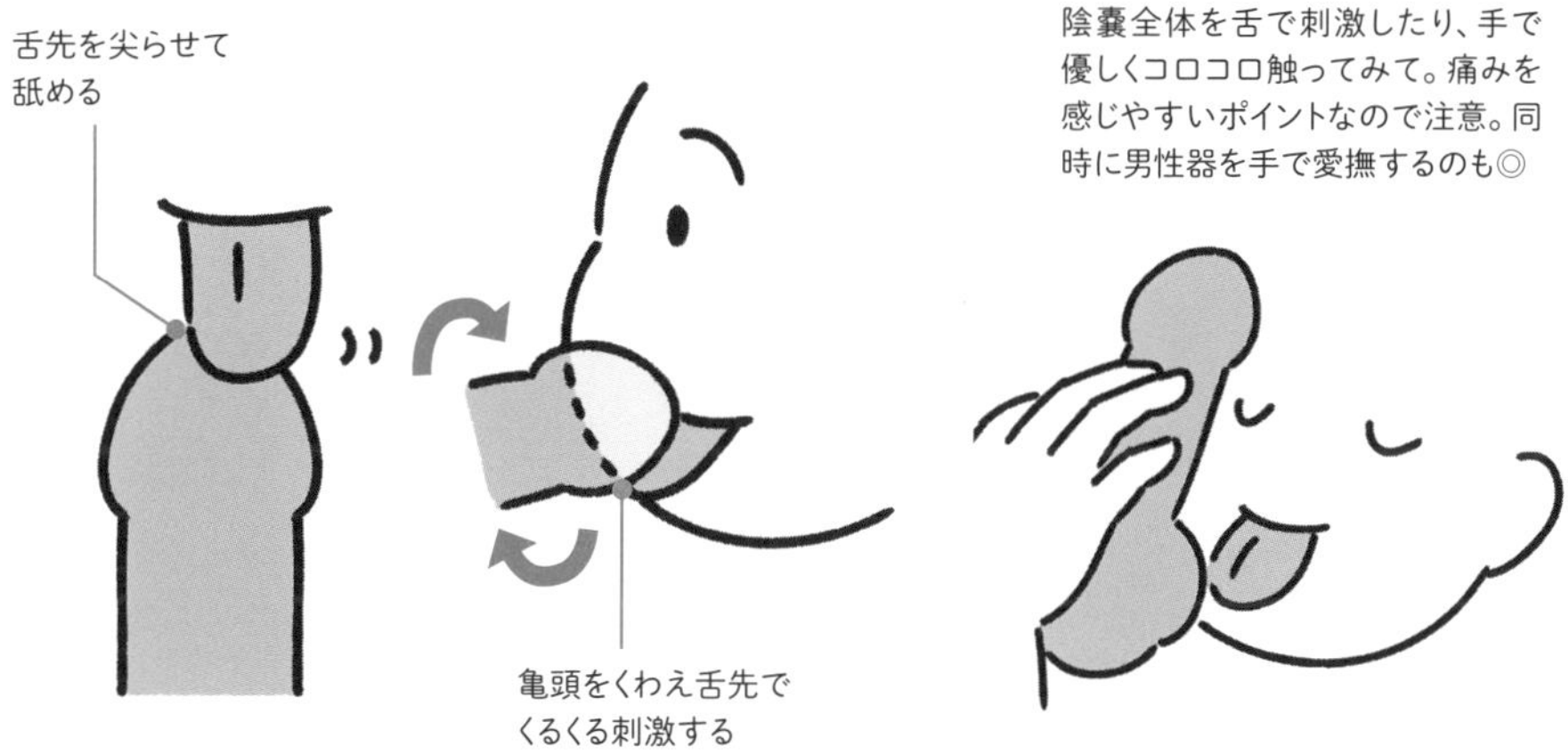
舌先を尖らせて
舐める
亀頭をくわえ舌先で
くるくる刺激する
陰嚢全体を舌で刺激したり、手で
優しくコロコロ触ってみて。痛みを
感じやすいポイントなので注意。同
時に男性器を手で愛撫するのも◎

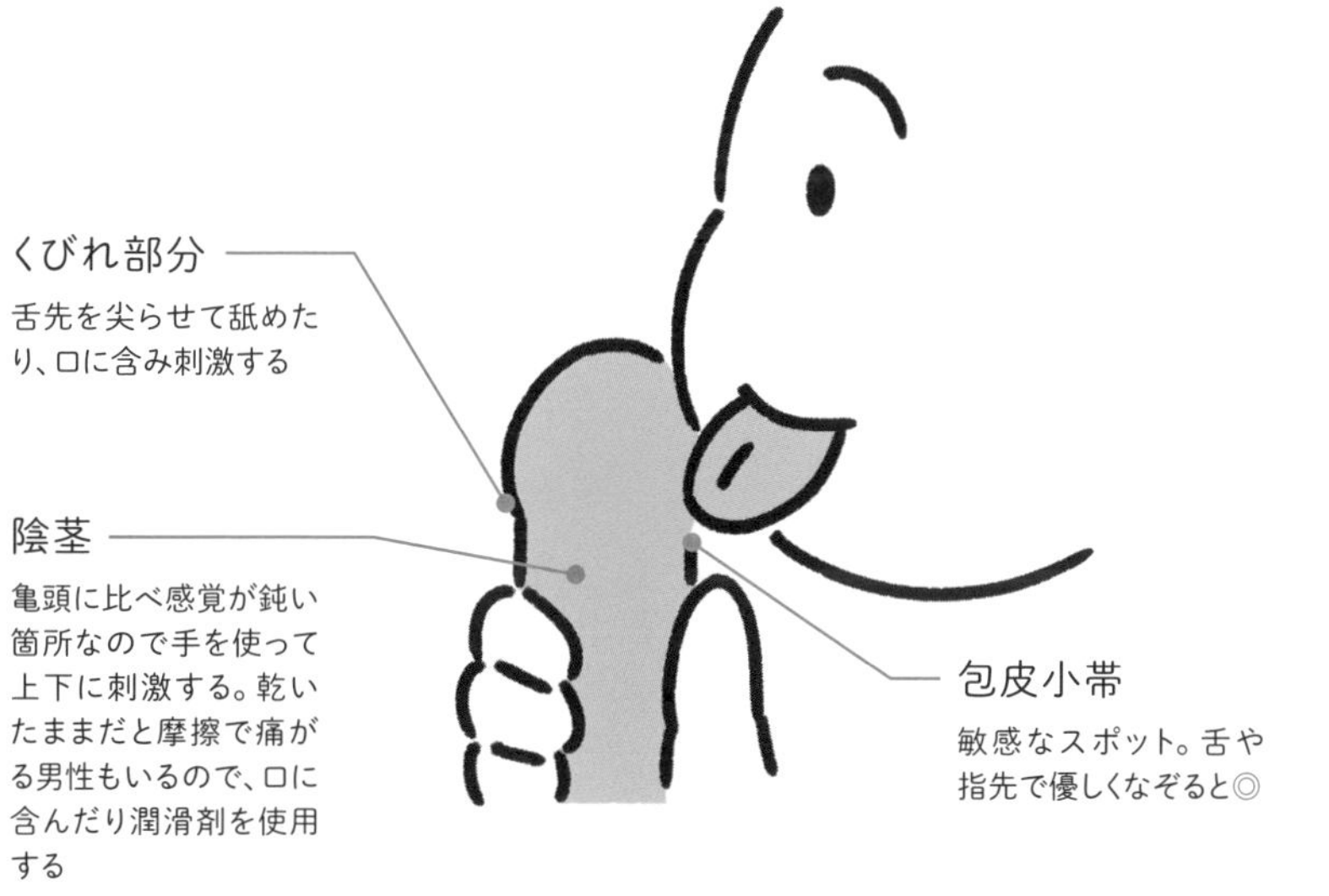
くびれ部分
舌先を尖らせて舐めた
り、口に含み刺激する
陰茎
亀頭に比べ感覚が鈍い
箇所なので手を使って
上下に刺激する。乾い
たままだと摩擦で痛が
る男性もいるので、口に
含んだり潤滑剤を使用
する
包皮小帯
敏感なスポット。舌や
指先で優しくなぞると◎

クンニリングスのやり方

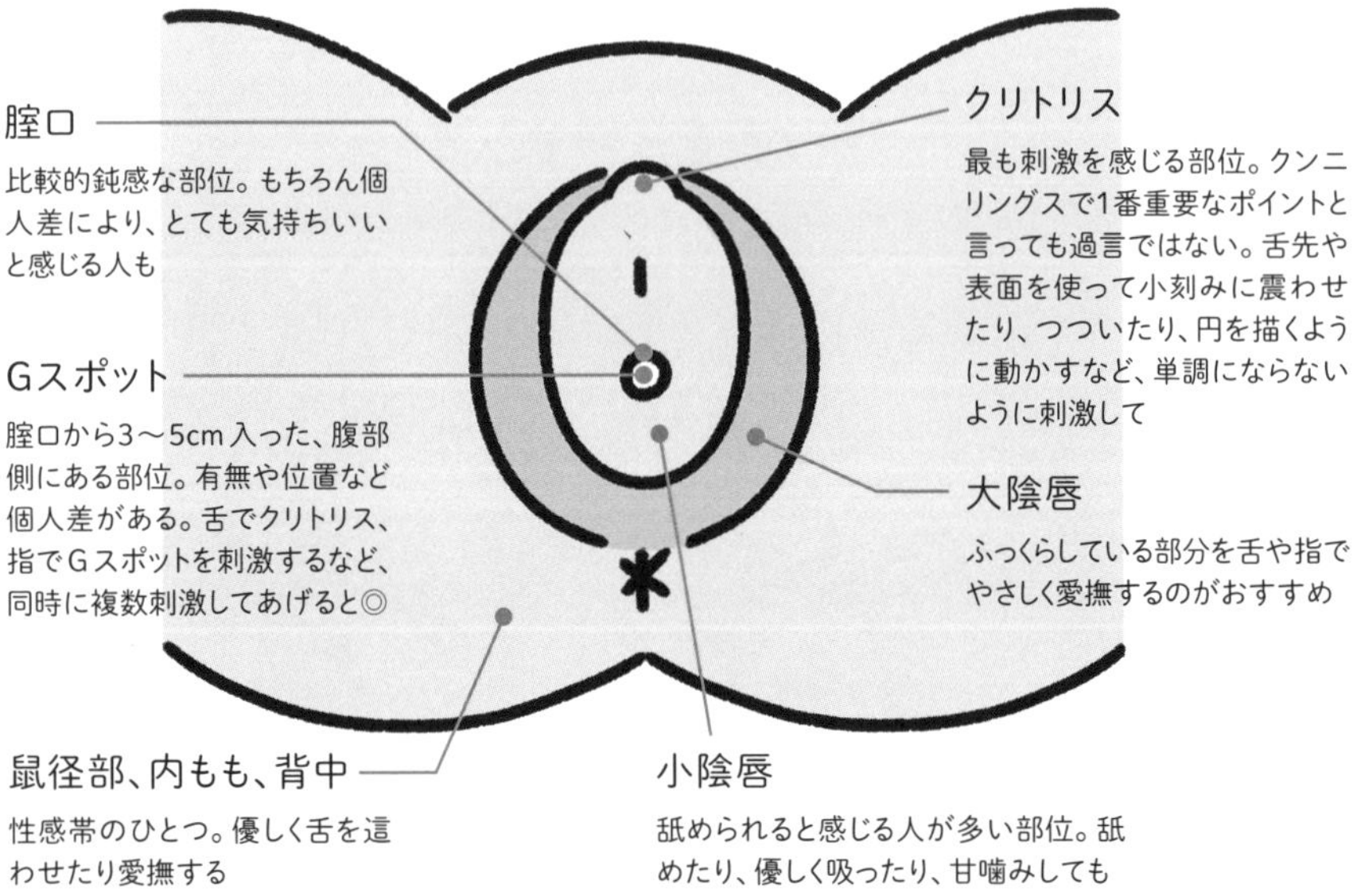

膣口
比較的鈍感な部位。もちろん個人差により、とても気持ちいいと感じる人も
Gスポット
膣口から3〜5cm入った、腹部側にある部位。有無や位置など個人差がある。舌でクリトリス、指でGスポットを刺激するなど、同時に複数刺激してあげると◎
鼠径部、内もも、背中
性感帯のひとつ。優しく舌を這わせたり愛撫する
クリトリス
最も刺激を感じる部位。クンニリングスで1番重要なポイントと言っても過言ではない。舌先や表面を使って小刻みに震わせたり、つついたり、円を描くように動かすなど、単調にならないように刺激して
大陰唇
ふっくらしている部分を舌や指でやさしく愛撫するのがおすすめ
小陰唇
舐められると感じる人が多い部位。舐めたり、優しく吸ったり、甘噛みしても

なので口と手でやさしく愛撫してみてください。

男性から女性へのオーラルセックスは、**女性のクリトリスはとても敏感なので、指よりも舌による愛撫のほうが適しています。**とはいえいきなり舌でクリトリスを愛撫するのではなく、内ももや鼠径部から少しずつ、じらしながらクリトリスに向かってください。体への愛撫以上に、**ソフトタッチで、そして激しい動きにならないように注意が必要**です。

口だけではなく手による愛撫を併用するのは女性と同じです。口で女性器を愛撫しつつ、胸や内もも、背中なども刺激してみてください。手を握りながら行うのもいいですね。

ただし、オーラルセックスが苦手な女性もいますから男性は相手が本気で嫌がっていな

いかを常に注意しましょう。女性から男性に伝えるには「背中を愛撫してほしいな」などと別のことをリクエストして誘導するといいかもしれません。

興奮が高まると子宮が「立ち上がってくる」

女性の興奮が高まってくると、膣の内部が盛り上がってきます。その部分こそ性感が強い、いわゆるＧスポットといわれるような気持ちいい場所です。

男性は女性の膣の入り口から奥のＰスポットにかけての膣のおへそ側（前壁）をやさしく指で探り、隆起している部分を探してみましょう。

Ｇスポットの位置は一般に膣口から指を第２関節くらいまで挿入したあたりにあると言われたりしますが、実は個人差が大きいです。もっと奥である場合もあれば、膣口付近にある場合もあるため、やはり指でていねいに探る必要があります。ただしＧスポットが無い女性もいるため、あえてそこだけにはこだわらず、愉しみながら気持ちいいポイントを探してみましょう。

膣内部の性感帯

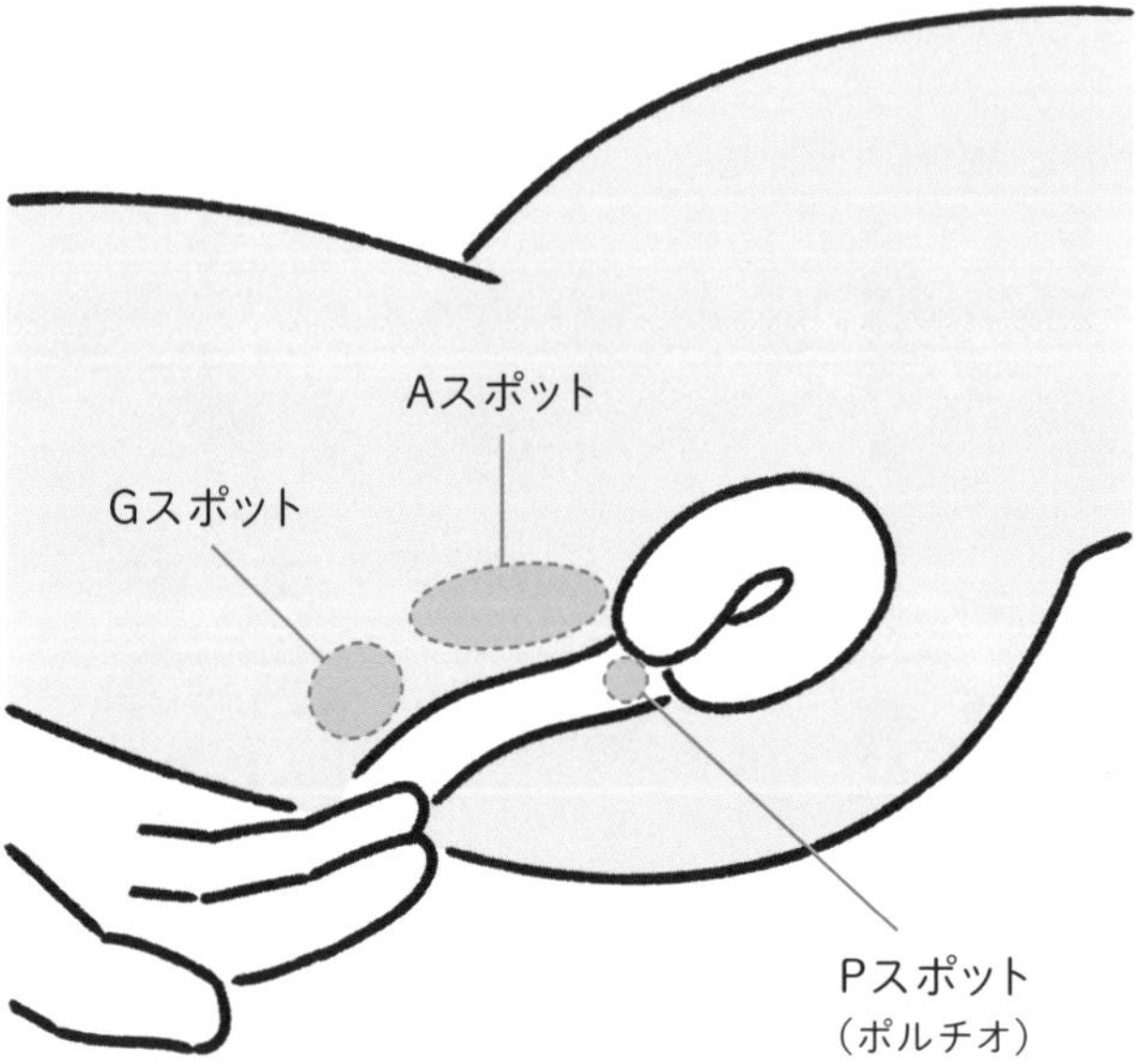
Aスポット
Gスポット
Pスポット
（ポルチオ）

女性のオーガズム前の変化

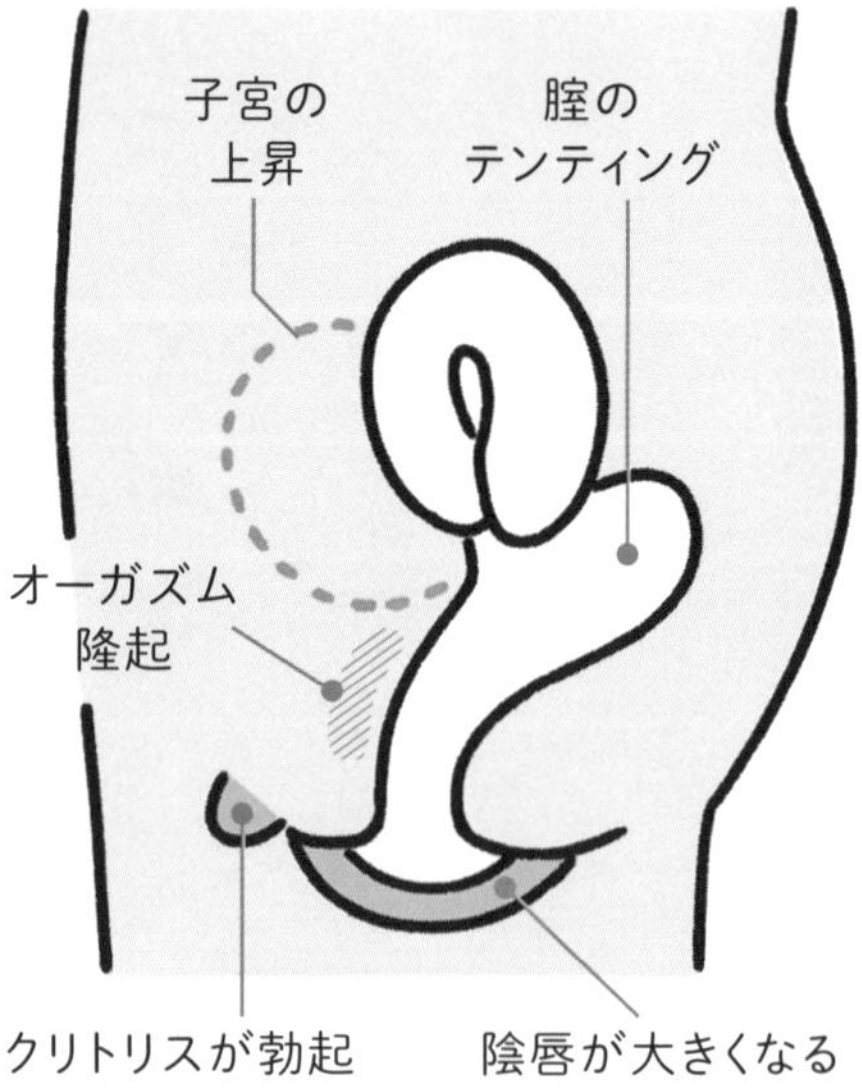
子宮の
上昇
膣の
テンティング
オーガズム
隆起
クリトリスが勃起
陰唇が大きくなる

決して爪は立てないように注意しながら指でリズミカルに刺激を加えていきます。**くれぐれも男性向けＡＶのような激しい愛撫は行わないでください。**

腟の中だけではなく、クリトリスの二股に分かれた「脚」の部分がある腟の入り口もとても敏感な部分です。左右に広げるように愛撫してみてもいいでしょう。

女性器や腟を男性が上手に愛撫できると女性の体に変化が現れます。

まず、イラストのように腟の奥が広がってきます。これは射精された精液をため込むスペースを確保するためで、医学的には「テンティング」と呼びます。ちなみに、生物学的には、腟の入り口が隆起するのはペニスをしっかりと包み込むためです。

さらに、通常はおへそ側に向かって傾いている子宮が垂直に立ち上がります。これも、生物学的には、精液を受け止めるためです。

乾きやすいミドルエイジの味方

ここまで来れば腟は十分に潤っている……はずが、そうなっていないかもしれません。

若いときと比べると、どうしても乾きやすくなり、挿入時の摩擦が増す傾向があります。そのために挿入時の痛みが生じやすいのがミドルエイジです。

その対策の一つが、**潤滑剤**を使うことです。潤滑剤の種類と使い方は左ページの図を参考にしてください。

もう一つの対策として、ある程度継続的に使うことで潤いを回復できる便利なお薬もあります。ヒメロス®やバストミン®（いずれも大東製薬工業）といった、**性器や膣粘膜に塗ることで女性ホルモンを皮膚から補充できるクリーム**です。これらはネット通販でも買えるため、受診が難しい女性でも使えます。

他にはエストリール膣錠（持田製薬）などの膣内に挿入する**「膣錠」**もあります。これは医師の処方が必要なお薬ですが、**ホルモンを補充することで膣の潤いを回復させたり、性交痛を和らげたりすることができます。**

ただ、根本的な対策はやはりセックスの重点を変えることです。前戯で十分に女性の興奮を高めておけば、挿入する時間はごく短くても満足度は高くなるでしょう。

潤滑剤

<table>
<tr><th rowspan="2">形状</th><td>ボトル・チューブタイプ
●潤滑剤を手に取り、塗布する
●内容量が多く、コスパが良い
●自分に合った量を出せる
●雑菌が入らないよう保存方法や衛生面に注意</td><td>個包装タイプ
●1回分の小分けになっている
●使い切りなので衛生的
●持ち運びに便利
●1回分の量を調整できないため、人によっては量が多いor少ないと感じる可能性も</td><td>ピストンタイプ
●注射器のような形をしていて、腟内に直接注入する
●手を汚さずに済む
●異物をデリケートゾーンに挿入することに違和感がある人も</td></tr>
<tr><td>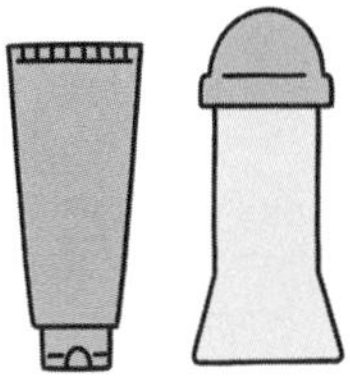</td><td>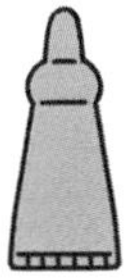</td><td></td></tr>
<tr><th>成分</th><td colspan="3">「パラベン」「グリセリン」「グリコール」など体質によってアレルギー反応が起こり、肌トラブルを招く恐れがあるので、購入の際は成分表をチェック。</td></tr>
<tr><th>ベース</th><td>ウォーターベース
●肌馴染みがよく、洗い流しやすいなど扱いやすいのが特徴
●体液に近いサラサラしているものから、プルプルのジェル状など種類が豊富
●使用後に洗い流し不要で使えるものもある
●ただし、時間が経つと蒸発して乾いてきてしまい、長時間は使用しづらい傾向</td><td>シリコンベース
●乾きにくく、長時間なめらかな使い心地が特徴
●デリケートゾーンの薄い皮膚をコーティングするように守ってくれるため、痛みを感じやすい方も使いやすい
●洗い流しにくい
●シリコン製のプレジャーグッズとの併用はNG。併用することで、劣化する可能性がある</td><td>オイルベース
●オイルならではのぬるぬるとした独特の感触と乾きにくさが特徴
●長時間の使用にも向いている
●水中で使用できる
●天然ゴムラテックス製のコンドームと併用すると、ゴムを溶かしてしまうことがあるので注意</td></tr>
<tr><th>使用方法</th><td colspan="3">●潤滑剤は、デリケートゾーン用とマッサージ用があるので注意。
●腟の潤いサポート、マッサージ、オーラルなど目的や利用シーンに合わせた潤滑剤を選ぶことが重要。
●潤滑剤の使用量は人それぞれ。まずは手のひらに500円玉サイズ程度の量を目安に一度試して。ベースタイプや使用時間によっては乾いてしまうこともあるため、追加する。
●腟の潤いサポートとして使用する場合、使うのが早すぎると時間経過で乾いてしまい十分な効果が得られなくなるため、セックスの直前に使用する。</td></tr>
<tr><th>特徴</th><td colspan="3">温感や冷感タイプ、ミントやバニラなど香りや味がついているものもある。
その日の気分で、違ったプレイを楽しんでも◎</td></tr>
</table>

進化するコンドーム

コンドームでも女性の潤い不足をサポートできます。**潤いにくい女性を想定した、ジェルが多めのコンドーム**がたくさん作られているためです。これらも潤滑剤と同じ効果を期待できます。

「ジェル多め」に限らず、近年のコンドームはとても進化しています。使用感の良さそうなコンドームを通販などで一緒に選んでみてもいいかもしれません。

サイズに違いがあるのはもちろん、厚みや素材も種類がありますから、改めて使用感の良いものを探してみてもいいでしょう。

装着しやすい補助テープがついたものやラテックスアレルギーがある人でも使えるコンドームもあります。自覚がなくても、バナナやキウイ、トマト、アボカドなどにアレルギーがある人はラテックスアレルギーを持っているケースも多いため注意してください。

ネットショッピングなら人目を気にせずじっくり選べるので、ぜひパートナーと一緒に自分にぴったりのコンドームを探してみてください。

コンドームの種類

<table>
<tr><th rowspan="2">素材</th><th>天然ゴムラテックス製</th><th>ポリウレタン製</th><th>イソプレンラバー製</th></tr>
<tr><td>●最もポピュラーな素材で、伸縮性があり肌への密着感が得られやすい
●厚みやサイズ、形状など種類が豊富
●ゴム特有のにおいが気になる人もいる
●ラテックスアレルギーがある場合は使用を避ける
●オイルベースの潤滑剤は破れる可能性があるため併用不可</td><td>●薄膜成形しやすい特徴があり「0.01mm」などの薄さを出せる素材
●表面がなめらかで温もりが伝わりやすく、ラテックスアレルギーやゴム特有のにおいが気になる人にもおすすめ
●シャカシャカとビニールのような触感がある
●伸縮性がなく硬い素材なので、装着が難しかったり、痛みに繋がる場合もある</td><td>●新しい合成ゴムで、医療用手袋などにも使用されている素材
●天然ゴムのように伸縮性があり柔らかく、感触も人の肌に近い
●弾性率は天然ゴムに劣るものの、耐候性や耐老化性に優れている
●ラテックスアレルギーの心配もない
●比較的入手が難しいため、店頭よりネット購入がおすすめ</td></tr>
<tr><th>サイズ</th><td colspan="3">選び方は男性器の「直径(太さ)」によって変わる。
適切なサイズのものを使用しないと、外れたり破れたりする原因になる。
サイズ展開はメーカーごとに異なり、さらに素材や薄さによっても伸縮性に差があるため、実際に試着することが大切。
サイズを測るときは十分に勃起させた状態で、一番太い部分の長さ(円周)を測り、円周率(3.14)で割ると直径が出る。</td></tr>
<tr><th>潤滑剤</th><td colspan="3">挿入時に痛みや違和感がある場合は、潤滑剤が塗布されているコンドームを使用するのが◎。
挿入時の摩擦を軽減し、スムーズな動きをサポートしてくれる。
潤滑剤の種類も、温感や冷感など感覚を楽しめるタイプなど様々。</td></tr>
<tr><th>厚さ</th><td colspan="3">コンドームの厚みは、0.01～0.02mmのものが多く、0.03mm台が一般的。
薄ければ薄いほど良いというのは誤解で、人によって感じ方は異なる。
厚みのあるコンドームを使用すると、オーガズムに達するまでの時間が長くなる男性もいる。
セックスを長く楽しみたい人は厚いものを試すなど、好みや体調、パートナーとの関係性の中で様々なコンドームを選択してくことが重要。</td></tr>
<tr><th>形状</th><td colspan="3">精液だまりの有無や、亀頭部にゆとりがあるものなど様々。
男性器のフィット感に影響するので、実際に使用して合ったものを選んで。</td></tr>
</table>

意外と知られていないコンドーム装着の基本

私のクリニックに「コンドームが外れてしまった」「破れてしまった」と駆け込んでくる女性の多さから察するに、正しい装着方法を知らない男性は今も多いようです。改めて確認してみましょう。

まず選び方からですが、**海外製のコンドームは避けて日本製を選ぶ**ようにしてください。海外のコンドームには破れやすいものもあるためです。

また、**コンドームには使用期限があり、製品によって異なりますが3年から5年ほどが保管の限度です。それ以上古いコンドームは劣化していて使用時に破ける恐れがありますから使わないでください。**使用期限は外箱に記載されています。内袋のまま保管すると破損の恐れがあります。外箱に入れておくか、ハードタイプの名刺入れなど硬い容器に保管しましょう。

コンドームの装着方法

1 中身を寄せて
傷つけないように開ける

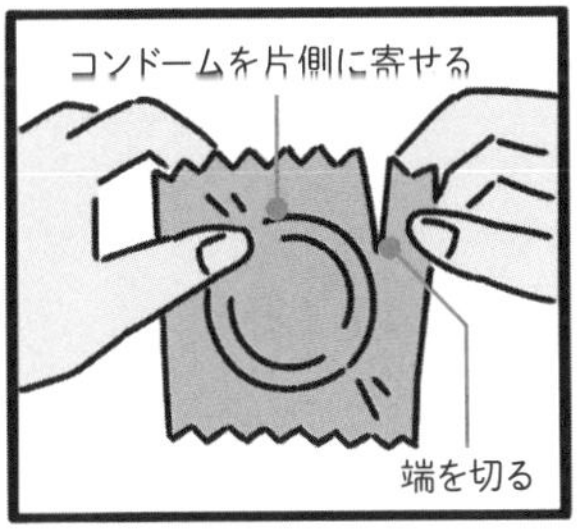
コンドームを片側に寄せる
端を切る

2 裏表を確認する

3 爪で傷つけないように
精液だめの空気を抜く

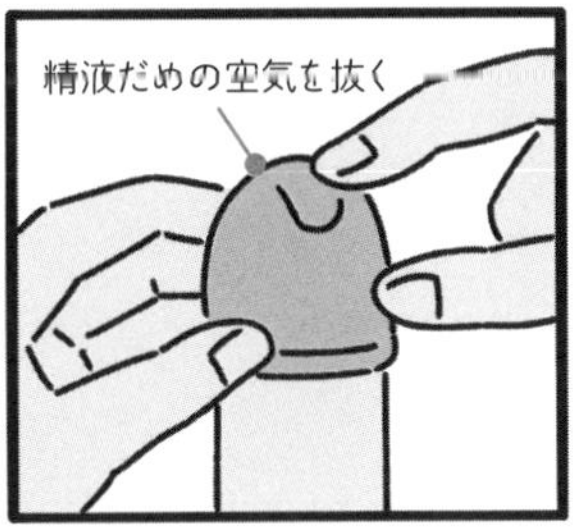
精液だめの空気を抜く

4 勃起した陰茎の皮を
根本までたぐり寄せてから
コンドームを途中まで
巻きおろす

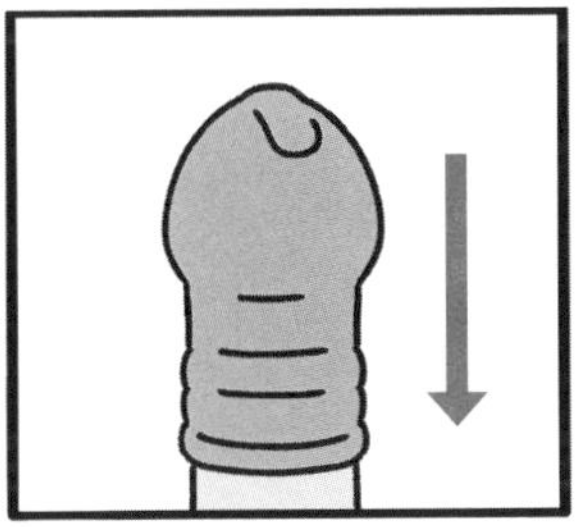

5 仮性包茎の場合はコンドームの根本を持ち
陰茎の根本で余っている皮を亀頭方向に寄せる。
現れた包皮をコンドームで覆い、
根本まで巻きおろして完了

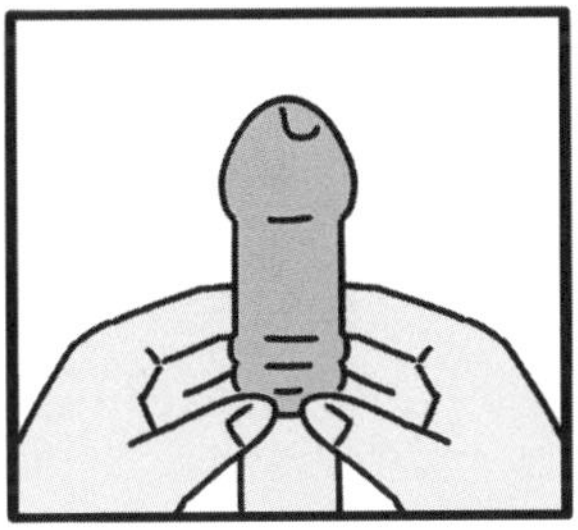

コンドームの外し方

1 根本でコンドームを
押さえながら男性器から抜く

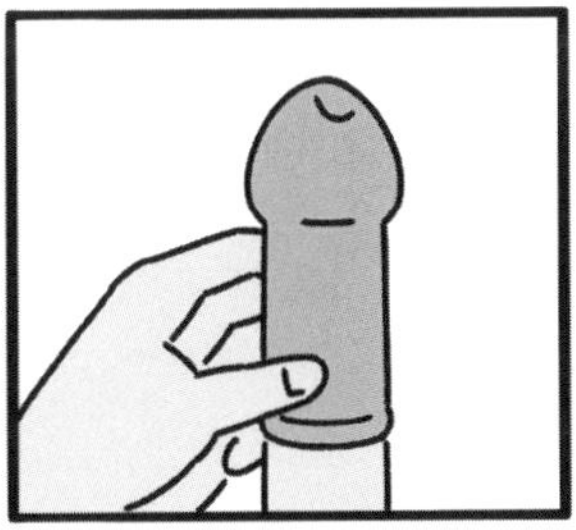

2 コンドームを
しばって捨てる

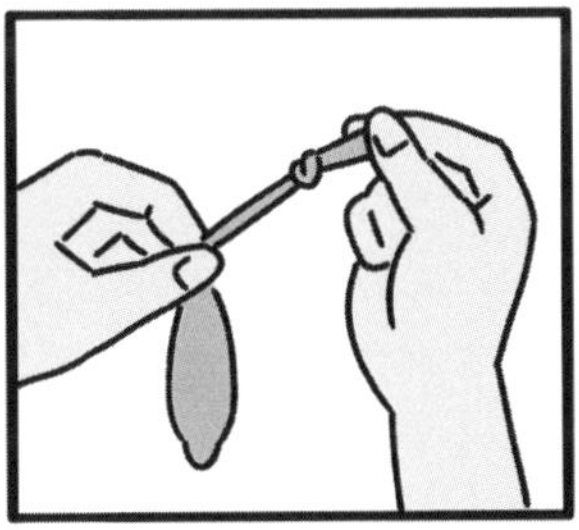

装着のタイミングは「挿入の前」です。

射精の前に着ければいいと勘違いしている人がいますが、いわゆるガマン汁でも妊娠する可能性はあります。また、コンドームは避妊だけでなく性感染症予防にも効果があるので、必ず「挿入前」に着けましょう。

開封するときには、中のコンドームを袋の破く場所の反対側に寄せます。開封時にコンドームを傷つけてしまい、挿入中に破れてしまった……というケースもあるからです。

取り出したら裏表を確認し、精液だめをつまんで空気を抜いた状態でペニスにかぶせます。このとき、仮性包茎の男性はそのままペニスにかぶせるのではなく、いったん余った皮を根本にたぐりよせてからかぶせます。そして余った皮のところまでコンドームをかぶせたら皮を亀頭方向に動かし、根本までコンドームを下ろします。

こうすることで余った皮もコンドームの中に入れることができます。この過程を省くと余った皮とコンドームが独立して動くため、外れやすくなってしまいます。

さて、女性が十分に濡れ、男性が勃起したペニスにきちんとコンドームを装着できたらいよいよ挿入です。

章を改めて詳しく解説しましょう。

第7章

もっと気持ちいい セックス

ミドルエイジからのセックス

確認になりますが、私は、特にミドルエイジのセックスにおいては、**肉体的負担が大きい挿入にこだわらない**ことをおすすめしています。**挿入なしでもお互いが満足できるくらい前戯（愛撫・スキンシップ、コミュニケーション）を愉しもう**、というくらいの心掛けが必要です。

でも、そうはいっても、挿入をしたい気持ちもあるかもしれません。そこで、負担が小さい挿入を楽しめる体位などについて解説します。

まず、歳を重ねると挿入のタイミングそのものが変わることを知っておいてください。神経系の反応スピードが若いころよりも遅くなるため、興奮に至ったり膣が潤うまで時間がかかるようになるからです。だからこそ、たっぷりと前戯を楽しみましょう。

また、膣が乾きやすくなりますから、一気に挿入するのではなく、痛みなどがないか確かめながら、少しずつ挿入しましょう。

ピストン運動も激しくせず、互いの反応を見つつ、少しずつ行いましょう。また、男性は挿入やピストンばかりに気を取られず、挿入しながらクリトリスや他の性感帯を愛撫してください。

また、ミドルエイジになると男性が勃起状態を維持できなくなる「中折れ」のリスクはどうしても付きまといます。中折れにいちいちがっかりしたり、自分が悪いのかもしれないと不安になったりせず、中折れしたら、またオーラルセックスに戻るなどして焦らずセックスを楽しみましょう。

潤滑剤の選び方にも優しさを

お話ししてきたように、ミドルエイジになると、女性は濡れにくくなることが一般的です。そこで活躍する潤滑剤について、ここで少し詳しくお話ししていきましょう。

潤滑剤にはいくつか種類があります。大きく分けると、ウォーターベースのもの、オイルベースのもの、シリコンベースのものがあります。この中でも**初めての女性でも使用しやすいのが、ウォーターベース**のものです。コンドームと一緒に使用しても問題なく、使用制限もないため誰でも手に取りやすいものです。女性器はデリケートですので、香料や着色料、鉱物油などが入っていないタイプを選ぶとトラブルも起こりにくいです。

使い方はとても簡単で、**500円玉くらいの量のゼリーをデリケートゾーンに塗布する**だけです。挿入後はサラサラとした感触になるため、自然な使い心地を感じることができます。

ウォーターベースのものは使うタイミングが早すぎると乾きやすいため、セックスの直前に使用するのがいいですね。途中で乾きを感じたら、その都度追加して使用します。使用後に洗い流す必要はないため、そのまま眠ってしまっても大丈夫です。

オイルベースやシリコンベースのものは、一般に潤いの持続時間が長いことが期待できるものの、洗い流さないといけないというデメリットがあります。また、オイルベースのものはコンドームと併用すると破れるなどのトラブルのリスクがあります。

シリコンベースのものは、シリコン製のプレジャーグッズなどと併用するとトラブルの恐れがあります。オイルベース、シリコンベースのどちらも、使用後に洗わずに放置すると、雑菌やカンジダが増えてしまうなどのトラブルにつながることもあるので注意が必要です。また、ベッドや衣服につくと落ちにくいのも難点ですね。

基本的には**挿入用としてはウォーターベースの潤滑剤をおすすめします。**一方、**愛撫用**

潤滑剤の量の目安

ベースの種類や製品によって異なるものの、
1回500円玉くらいを目安に手に取り塗布する

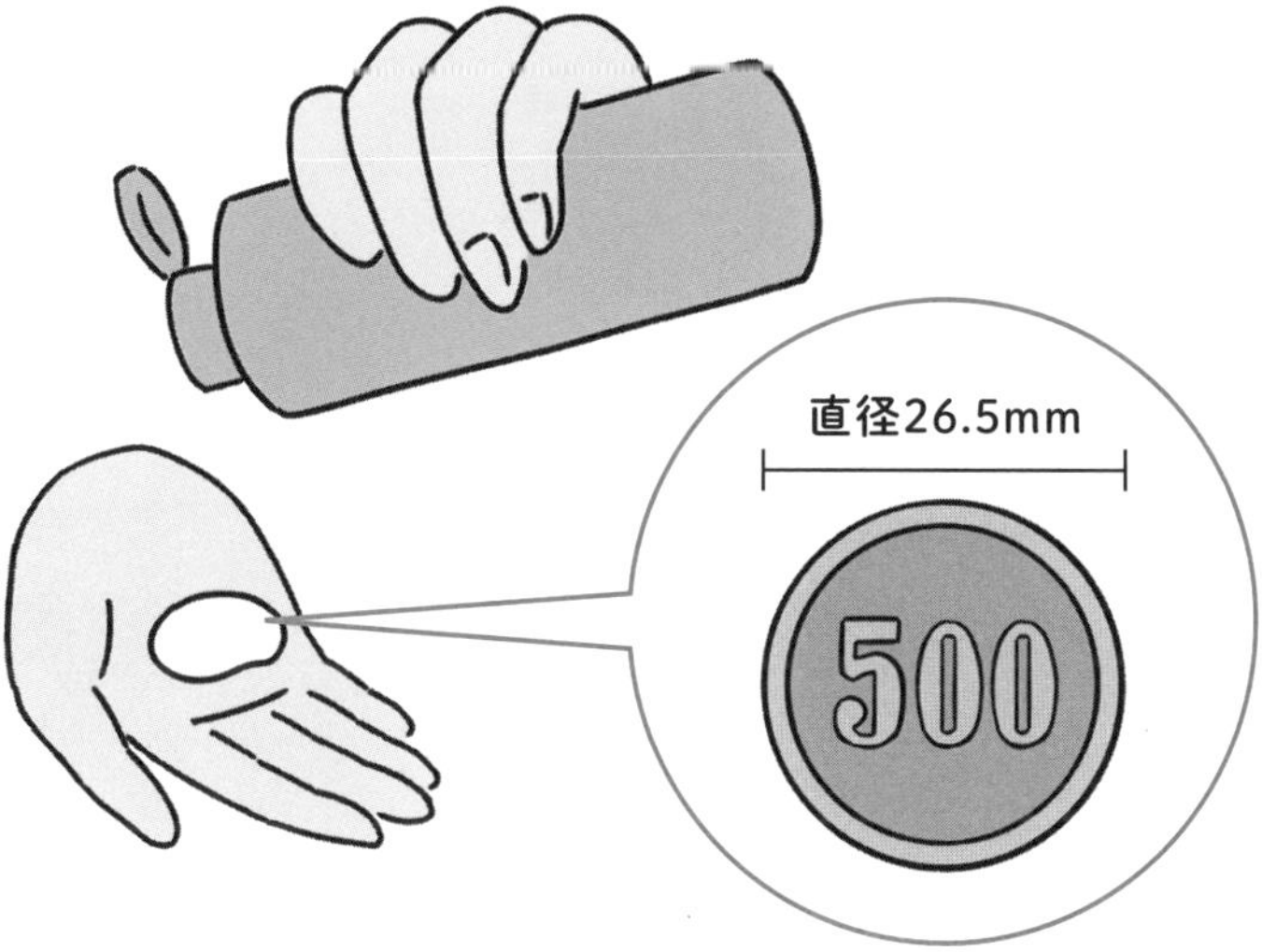

としてはオイルタイプやシリコンタイプであれば、すこし水がかかっても落ちにくく滑りが長持ちするため、お風呂等で愉しむ場合には試してみてもいいかもしれませんね。

いずれのタイプでもアレルギーによるトラブルの原因になるリスクがあります。初回は少量から使用し、かゆみなど違和感が出る場合は中止しましょう。特に問題なければ、様子を見ながら使用量を増やしてみるのがいいですね。

潤滑剤を使いたいと言うと、男性が「濡れないのは俺のせい？」などと思いこむ可能性もあるため、**女性は年齢とともに濡れにくくなるという予備知識はお互いにもっておくのがいい**ですね。

正常位がいちばん難しい

ところで、挿入時、体のどの部位にどう負担がかかるのでしょうか。

もっとも負担が大きいのが腰です。普段の生活でも、歳を重ねるにつれ男女ともに腰を痛める方が増えてきますが、挿入時も同じです。特に正常位では、男女ともに腰の負担が大きくなります。

加齢とともに一つひとつの背骨の間で衝撃を吸収している椎間板と呼ばれる組織が薄くなり、圧力に弱くなります。すると、**正常位で男性が上になって女性の腰に体重をかけたときに女性の腰が痛くなりやすくなります。**

また、ミドルエイジになると腰に限らず全身の関節に痛みを覚える方も増えてきます。男性が腕で自分の体重を支えながら激しく腰を動かし、女性も脚や腰を大きく曲げることが多い正常位は関節への負担も小さくありません。

もっとも基本的な体位である正常位が難しくなるとセックスをためらうのも無理がないように思えますよね。

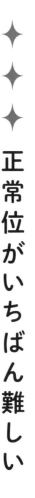

でも、大丈夫です。工夫をすれば腰への負担を減らして正常位を愉しむこともできますし、なによりも、正常位よりずっと負担が少ない体位があるからです。

枕やタオルで腰のアーチを維持する

正常位での女性の腰への負担には対策があります。

人間の腰を横から見るとゆるやかなＳ字状に曲がっています。このアーチが維持されている自然な状態では腰痛は起こりません。

しかし、上に男性が乗るなどの理由でこのアーチが潰されると痛みが生じます。若いころには痛くなかったのにミドルエイジになると痛いのは、背骨の構造に理由があります。

背骨は「椎骨」と呼ばれる骨がつながって成り立っています。一つひとつの椎骨は硬く丈夫な骨なのですが、椎骨と椎骨との間に椎間板と呼ばれる中にゼリー状の組織を持った緩衝材がありますから、人は背中を曲げられるわけです。

ところが、加齢とともに椎間板が薄くなり、背骨を曲げたときに痛みが生じるようになるのです。

そこで、**正常位で挿入をする際に、腰のアーチの下に枕や丸めたタオルなどを入れ、上に男性が乗っても女性の腰のアーチが維持できるようにしてみてください。**

この方法は**パートナーとの密着度が増す上、性器同士が密着する位置や角度を調整できるメリットがあります。**

また、男性に腰痛があっても、椎間板の異常で前かがみになると痛みが出る場合は、背中を曲げずに挿入できるよう意識すれば正常位が可能になることもあります。その際は背骨の曲げ伸ばしで腰を動かすのではなく、背骨はそのままにして骨盤のみを動かすように意識してください。

ちなみに椎間板由来の痛みは朝に悪化する傾向がありますから、腰痛予防という観点からは朝のセックスはおすすめしません。

体重が増える人も多いため、若いころのように体は動かないかもしれません。でも焦らないでください。ミドルエイジにはミドルエイジの動き方があります。

正常位

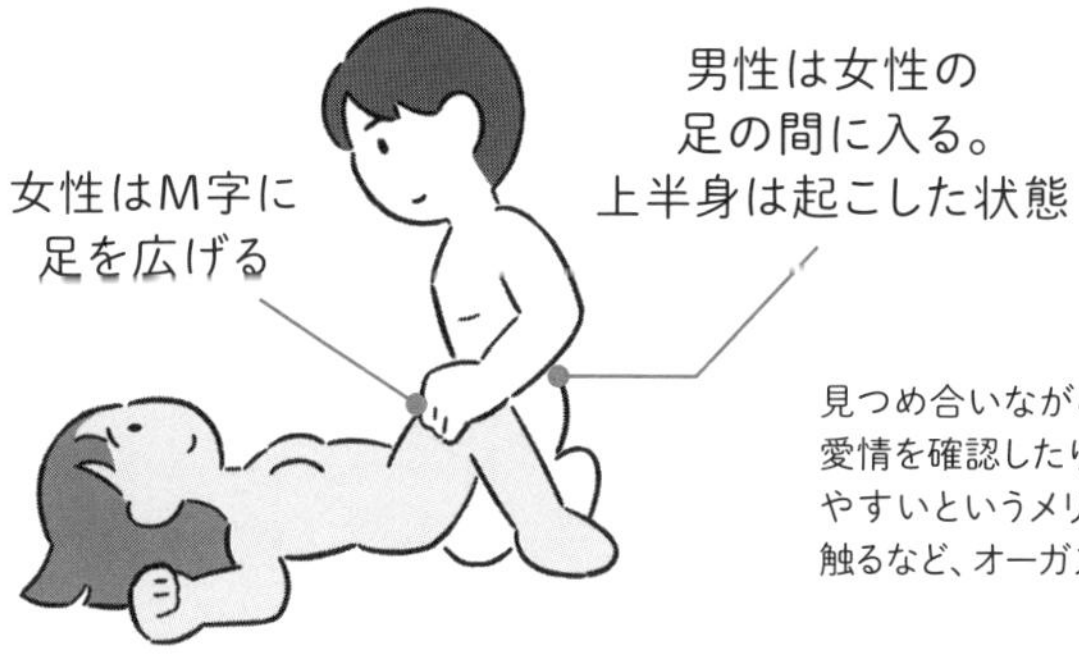
男性は女性の
足の間に入る。
上半身は起こした状態
女性はM字に
足を広げる

見つめ合いながら愛撫やキス、ハグなどもしやすく、愛情を確認したり安心できる体位。お互いに愛撫しやすいというメリットも。乳首やクリトリスを同時に触るなど、オーガズムに至る神経を複数刺激できる

正常位の痛み予防&快感UP

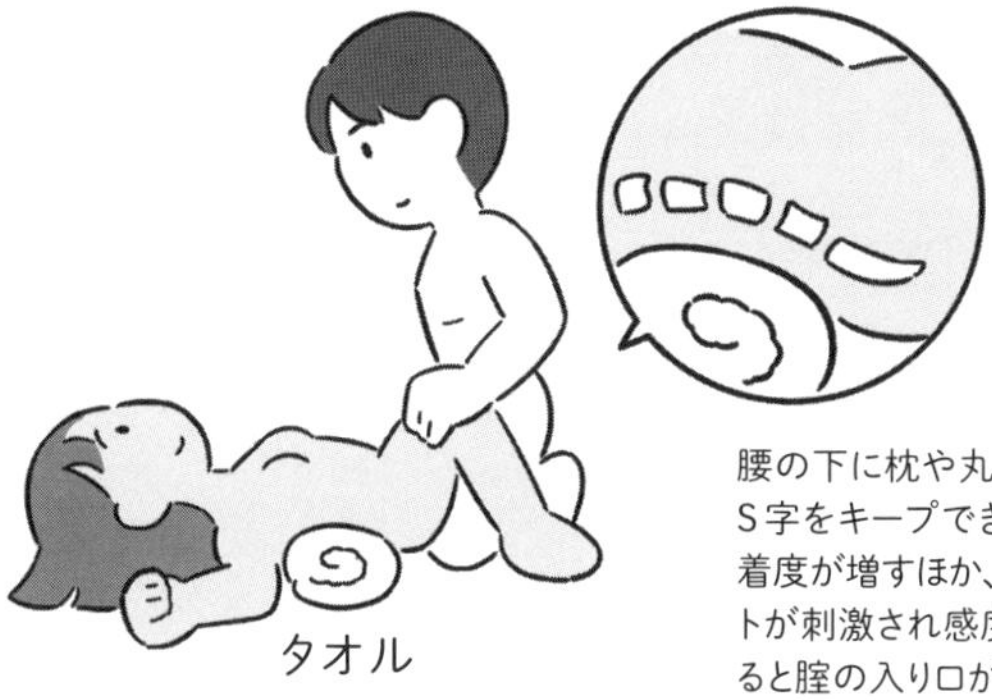
S字に
たもたれる
背骨
タオル

腰の下に枕や丸めたタオルを入れることで、ゆるやかなS字をキープでき痛みが出にくくなる。パートナーとの密着度が増すほか、男性器の挿入角度を調整するとGスポットが刺激され感度が高まる人も多い。腰の位置を高くすると腟の入り口が自然と上がり、挿入しやすくなる

正常位の男性の動き

- 一気に挿入すると腟や足腰に痛みが出るため、優しくゆっくりを心掛ける
- 挿入後もすぐ動いたりせず、時間をかけてキスやハグ、愛撫などをする
- 激しいピストンはNG。動かす際は背中を曲げず、腰を軸にして前後させると痛みを感じにくい
- 男性が女性に覆いかぶさるときは体重を掛け過ぎないよう注意

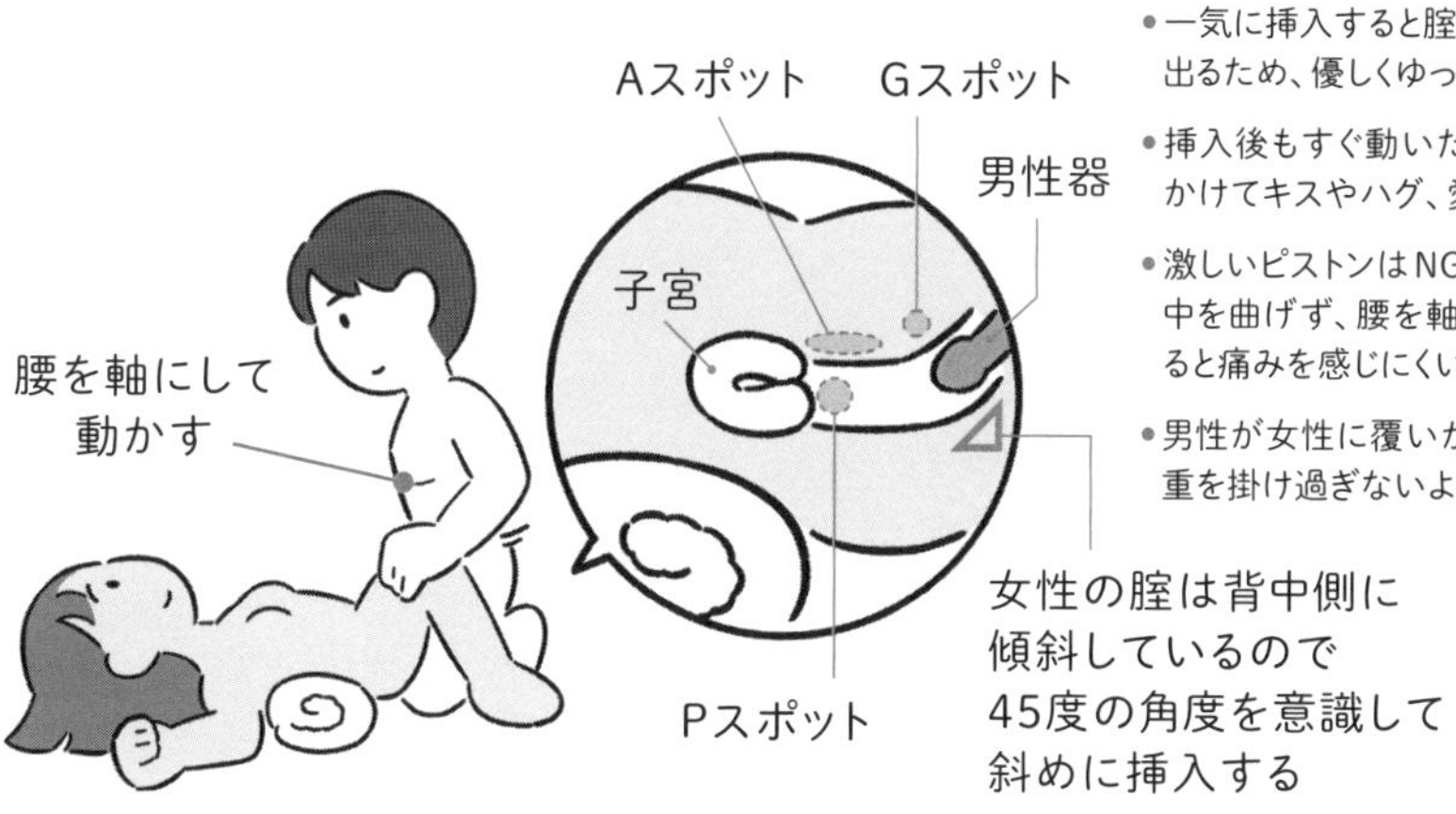
Aスポット
Gスポット
男性器
子宮
腰を軸にして
動かす
Pスポット
女性の腟は背中側に
傾斜しているので
45度の角度を意識して
斜めに挿入する

挿入をするにしても、挿入ばかりに重きを置いてはいけない点は変わりません。挿入しながら、あるいは挿入をいったんストップして、胸やクリトリスなどの性感帯を愛撫することも忘れないでください。

また、正常位は女性の脚の開き具合や挿入角度によって様々なバリエーションがある体位で、年齢によっても変化します。お互いが痛みを感じずに快感を得られるポジションをじっくりと探ってみてください。

挿入だけに意識をとられずにパートナーとコミュニケーションを取れば、正常位を愉しむことは可能でしょう。

女性も男性も楽な騎乗位

もし男性の腰痛が重いならば、女性が男性にまたがる騎乗位を検討してみてください。

「騎乗位なんてしたことがない、疲れそう」と感じる女性も少なくないかもしれませんが、実は動き方によっては女性側の負担もあまり重くはありません。

ポイントは**女性が「上下」ではなく「前後」に動く**ことです。上下に動くと自分の体重がすべて脚にかかるので大変な負担になりますが、前後に動くぶんには脚は楽です。騎乗位の女性の姿勢は膝をつくパターンとつかないパターンがあります。ミドルエイジにとっては膝をつく方が楽でしょう。

なお、**女性は上体を反らし気味にすると男性器によってＧスポットを刺激しやすくなり性感が増します。**

騎乗位のバリエーションとして、椅子を使った座位があります。手すりがない椅子を用意します。そこに男性が座り、その上に女性がまたがって挿入します。

どちらの体位も、パートナーに抱きつくことで密着感を楽しめるのが魅力です。男性向けＡＶのように激しく動く必要はありませんから、密着したままゆっくりと動き、騎乗位ならではの触れ合いを楽しんでください。

騎乗位

基本的には女性主導で、自分のペースで動ける体位。男性器が奥まで入りやすく、Pスポットに当たりやすい。正常位と同様、お互いに愛撫しやすいというメリットも

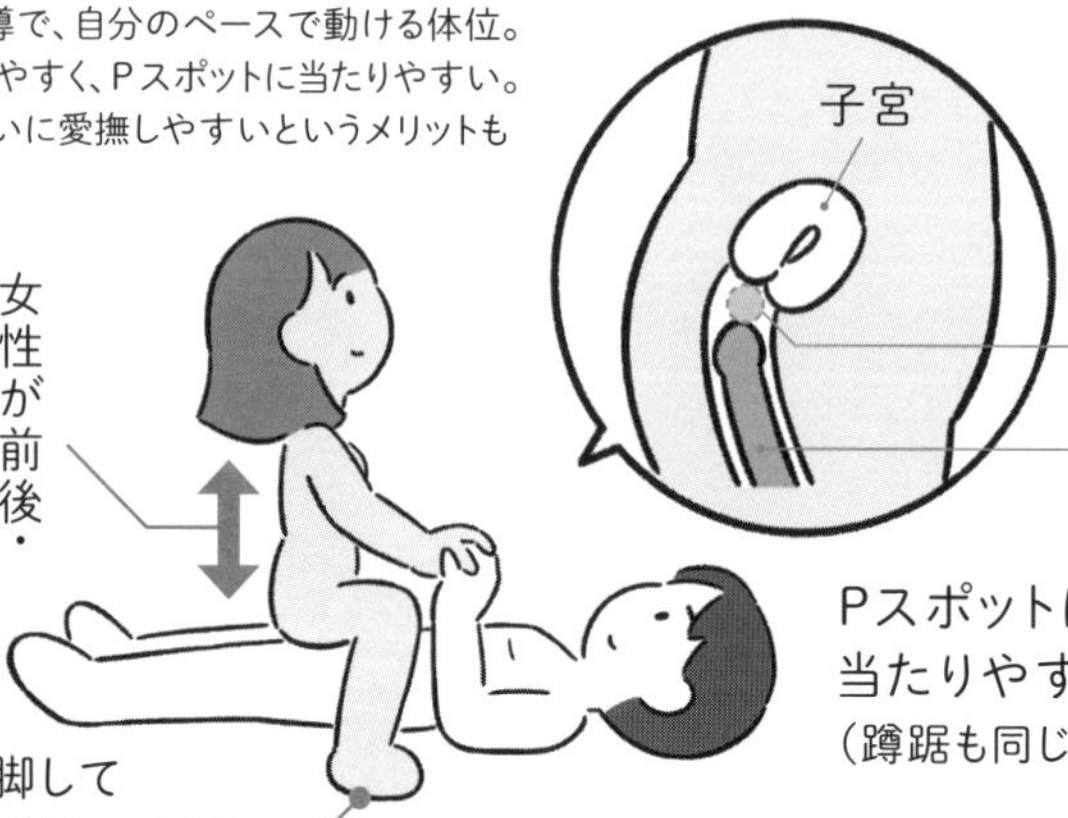
子宮
Pスポット
男性器
女性が前後・上下に動く。クリトリスも刺激できる
Pスポットに当たりやすい（蹲踞も同じく）
開脚してかかとを床につける

蹲踞《そんきょ》騎乗位

かかとにお尻を乗せて足を開き、つま先で体重を支える「蹲踞」の姿勢に似ていることから名付けられた体位。騎乗位の体勢で、足裏ではなく膝を床に付ける

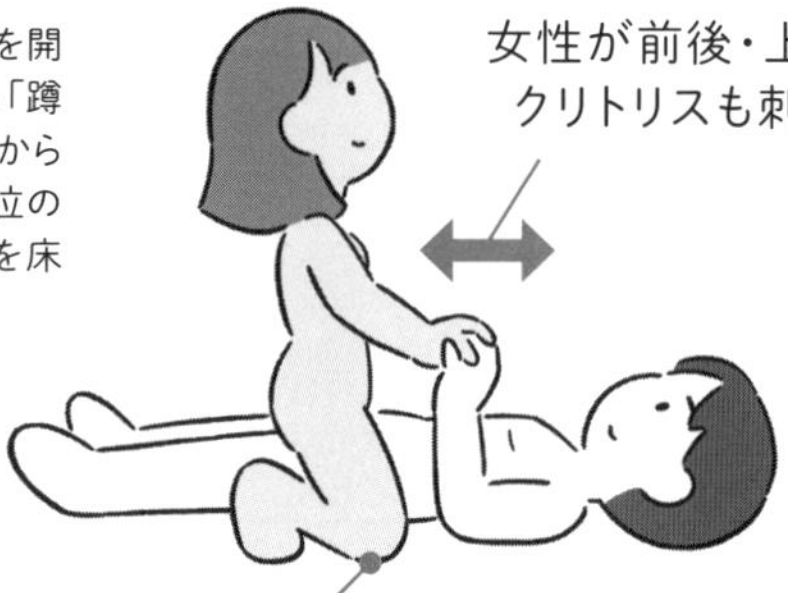
女性が前後・上下に動く。クリトリスも刺激できる
ひざを床に付ける

反り返り騎乗位

騎乗位または蹲踞騎乗位から、女性が背を反らした体位。Gスポットに当てやすくなる。ただし女性の腰に柔軟性が必要で、男性器のサイズによっては抜けやすいことも。男性は女性の顔や胸、結合部がよく見え、視覚的興奮を得やすい

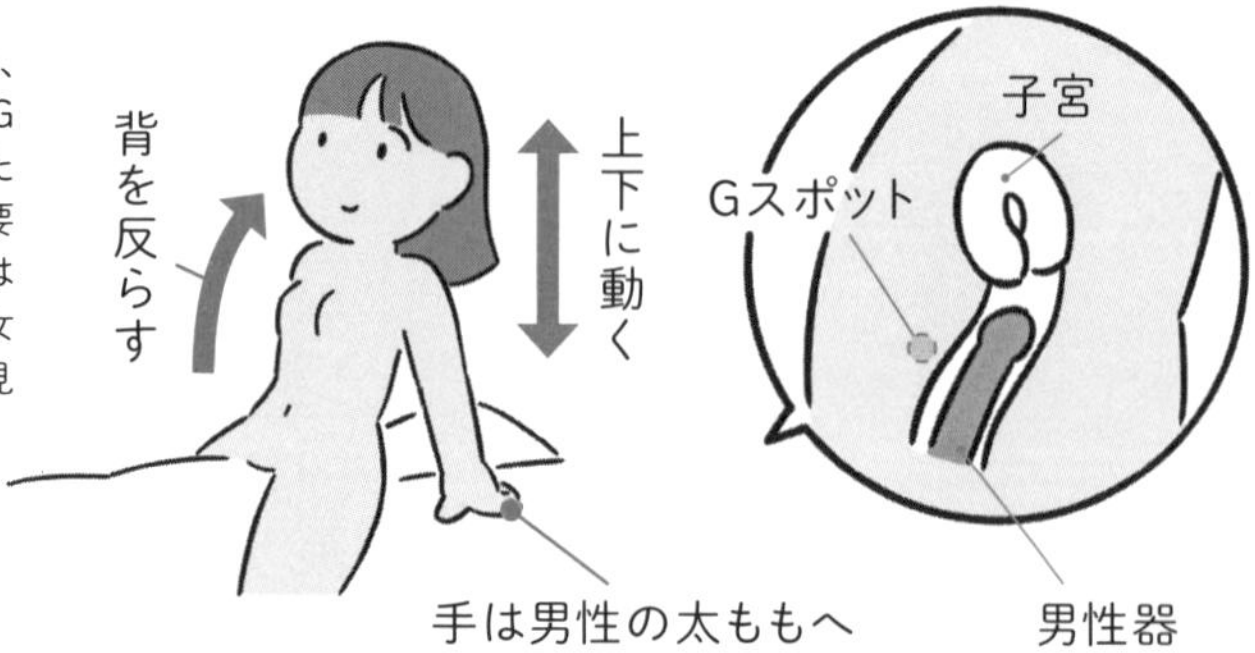
背を反らす
上下に動く
子宮
Gスポット
手は男性の太ももへ
男性器

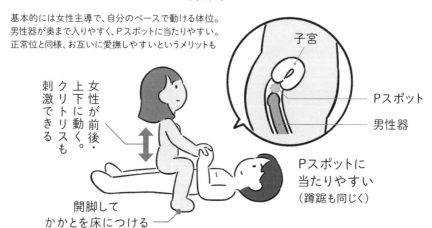

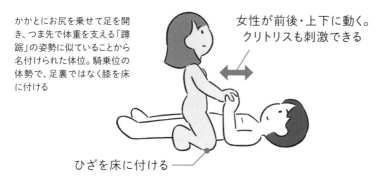

座位

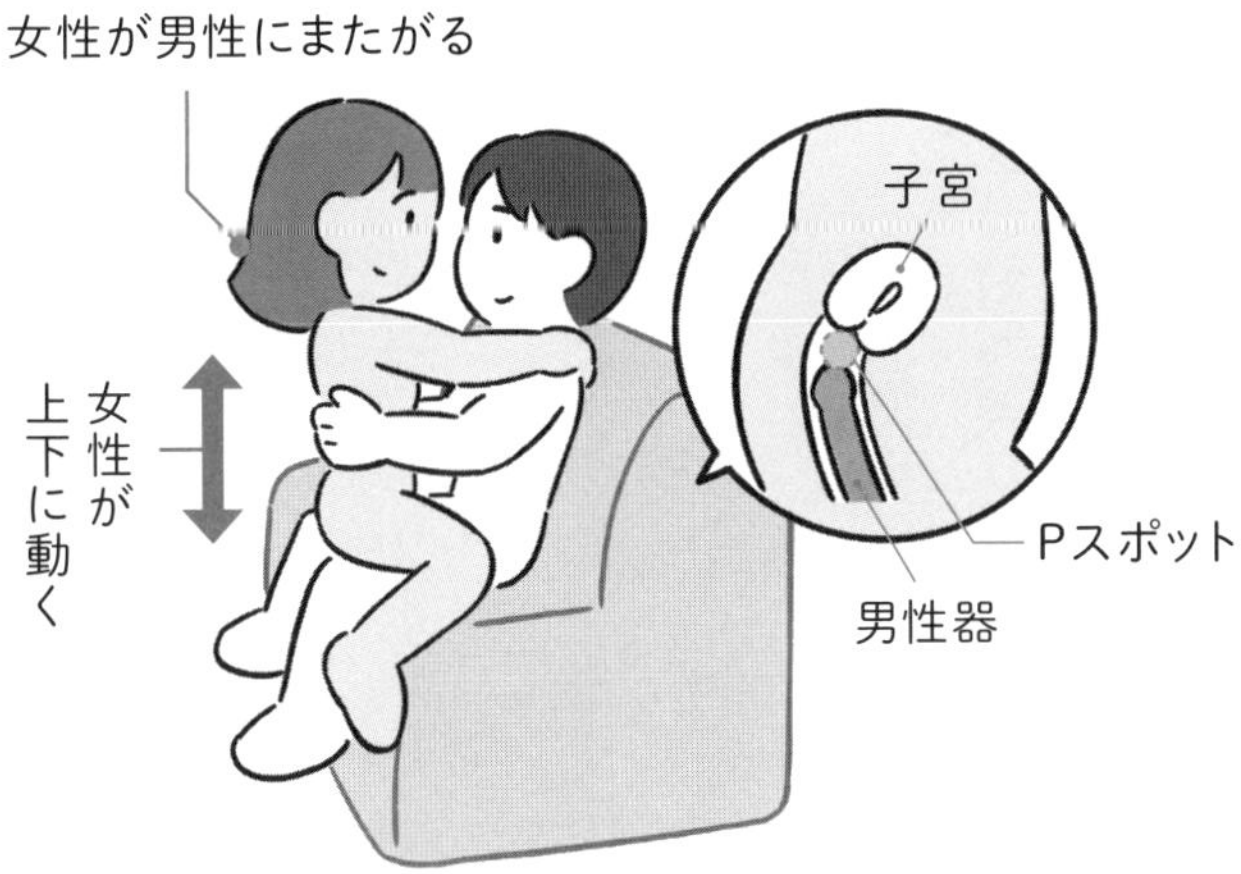
女性が男性にまたがる
女性が上下に動く
子宮
Pスポット
男性器

向かい合って抱きしめ合うように密着する体位。お互いの顔が至近距離にあり、キスや耳、首筋、胸などの愛撫がしやすい。騎乗位同様、Pスポットに当たりやすい。寝そべらない体位なので、リビングのソファーなどベッド以外の非日常感を楽しめる。男性は自分で腰を振りづらいため、射精まで長持ちさせやすい

座位で上体を反らす

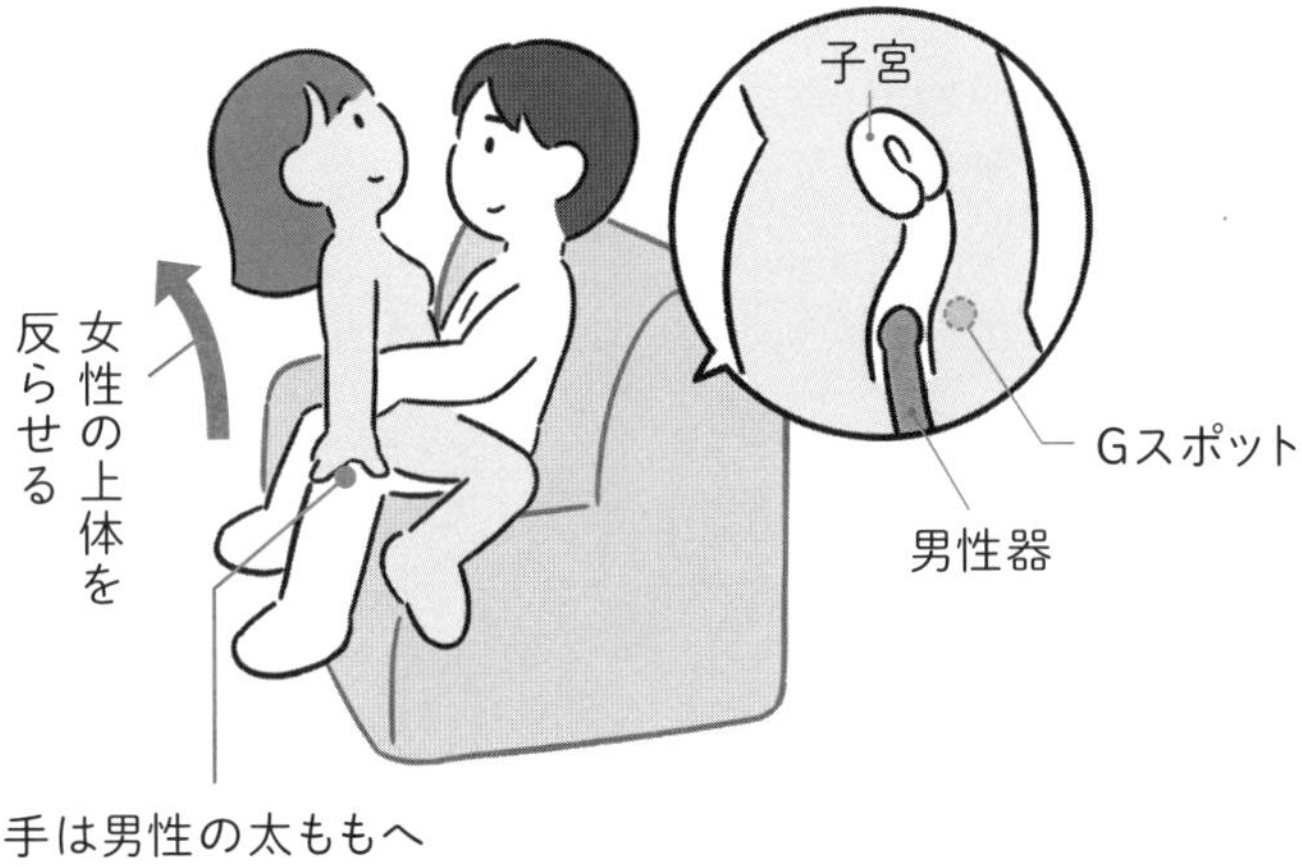
子宮
女性の上体を反らせる
Gスポット
男性器
手は男性の太ももへ

反り返り騎乗位同様、Gスポットに当てやすくなる

✦✦✦ 二種類の後背位

後背位、いわゆるバックは、実は女性・男性ともに正常位よりも負担が小さい体位です。

女性にとっては、上に男性が乗ることがなく背骨のアーチが保たれやすいため、腰への負担が少ないです。また、腰や脚の関節にとっても正常位ほど無理のある姿勢ではありませんから、その分楽です。

男性からしても、正常位のように腰ばかりを使わず、背骨のアーチを維持したまま前後できますから、正常位より負担は小さいと言っていいでしょう。

後背位については通常の体位とは別に、ぜひミドルエイジに知っておいていただきたいバリエーションがあります。それが**うつぶせに寝る女性に男性が上から挿入する「寝バック」**です。これは男女ともに負担が小さく、しかも性交痛が出にくい体位なのです。

まず、女性が仰向けに寝る正常位とは異なり、うつぶせに寝ても背中のアーチが維持されますから、腰痛が出にくいのも寝バックのメリットです。それでも腰に痛みが出る場合は胸の下に枕などを入れ、さらにアーチを強化してください。

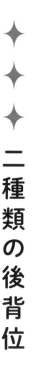

後背位

挿入がしやすく膣の奥まで入るため、男女ともに刺激を感じやすい体位。膣口の位置が肛門に近い「下付き」の人はより挿入しやすい。お互いの顔が見えないので、快感に集中できるという人も。男性は女性のうなじや背中など性感帯を愛撫しやすい

男性の手は
女性の腰に
女性はお尻を
つき出す感じで
女性は
四つん這いに
なる
男性も女性も、
足を閉じたり
広げたりして
角度を調整する

後背位の動き方

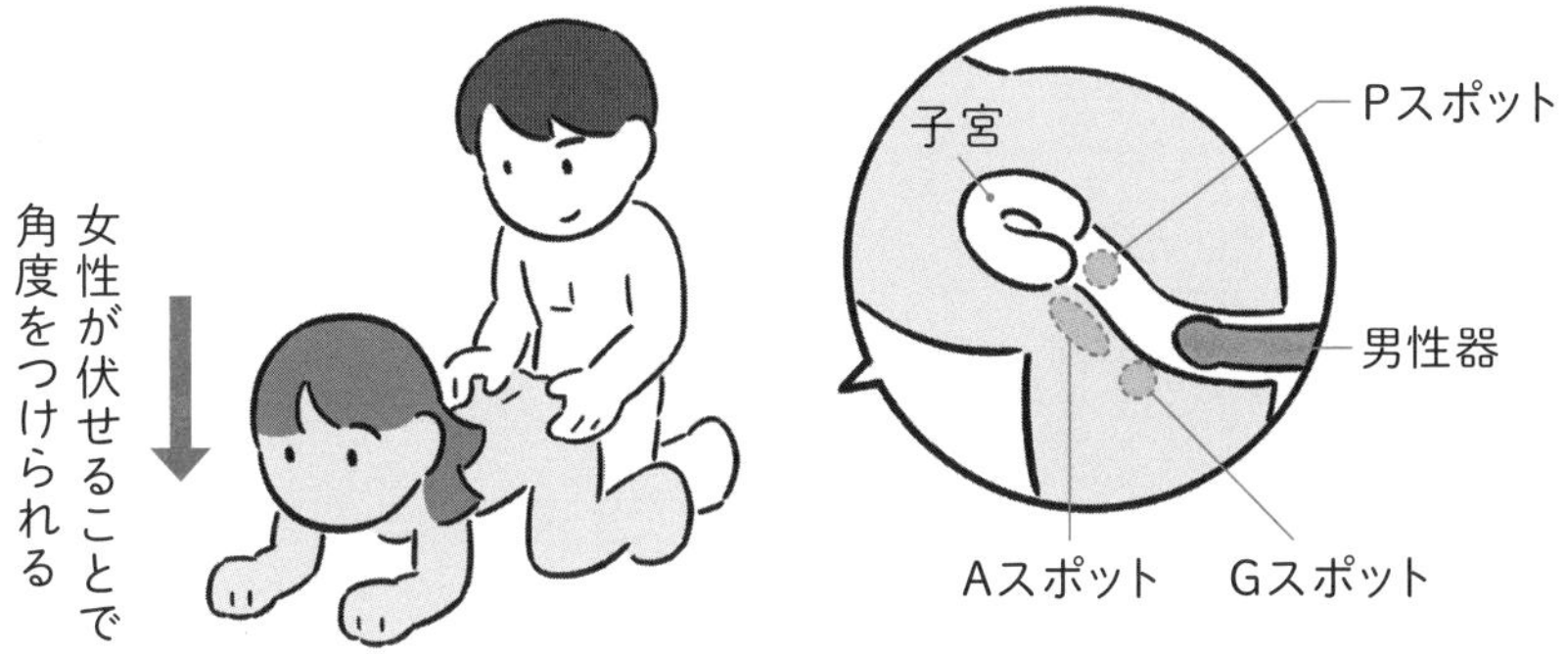
女性が伏せることで
角度をつけられる
子宮
Pスポット
男性器
Aスポット
Gスポット

寝バック

密着度が高くなる体位。挿入は少し浅くなるので、ゆっくりセックスしたい人におすすめ。女性の体の下に丸めたタオルや枕などを入れると挿入の深さや角度などを変えることができる

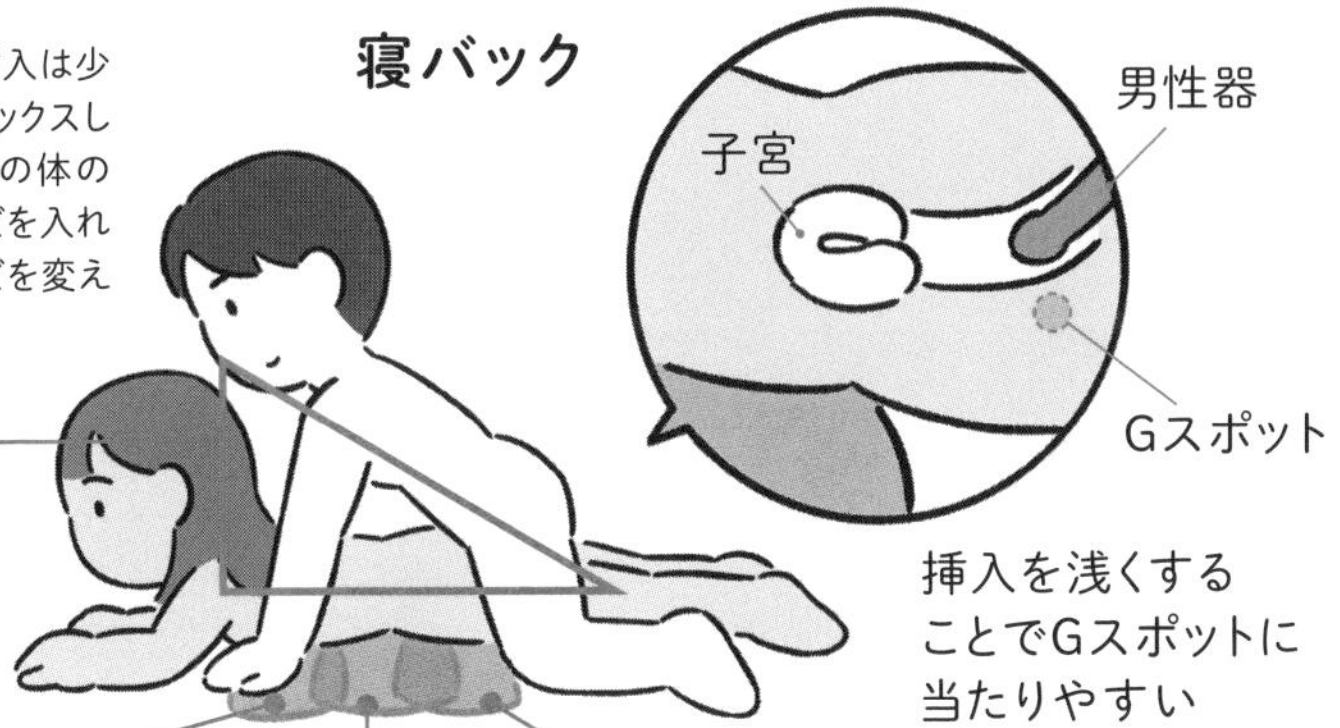
挿入の角度は
30〜40度
子宮
男性器
Gスポット
挿入を浅くする
ことでGスポットに
当たりやすい

胸の下
上半身が上がることで、挿入が浅くなる

お腹の下
女性の背骨のアーチが直線に近づく

骨盤の下
骨盤が安定しお尻が高く上がることで、男性器の長さ次第ではPスポットの刺激を深く味わえる

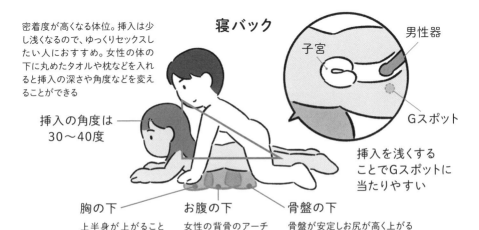

逆に、普通にうつぶせに寝るとアーチが強くなりすぎて辛い方はお腹の下に枕を入れてみてください。アーチが少し直線に近づき、楽になるはずです。

また、**寝バックは挿入が正常位よりも浅くなる傾向があるため、性交痛に悩まされている女性は痛みが軽減される**のも利点です。

寝バックはミドルエイジ男性にとってもメリットが多い体位です。正常位ほど腰を使わないので負担が小さく、また、女性に覆いかぶさる形になりますから通常の後背位よりも自分の体を支えるのが楽です。

男性側に腰痛がある場合でも、女性の骨盤の下に枕などを入れてお尻の位置を上げると、腰をあまり動かさないでも挿入しやすくなります。背骨の動きを抑えられますから、痛みは出にくいでしょう。

ベッドの端を利用した後背位

少し変則的な後背位として、男性が床に立って挿入するスタイルも紹介しておきます。

イラストのようにベッドの端に女性が位置し、そこに立った状態の男性が挿入するのです。この姿勢ならば女性は男性の体重を受け止めなくて済みますから、負担は減ります。

男性にとってもメリットがあります。膝を曲げたり背中を丸めて腰を振る必要がないため、足腰への負担が小さいのです。

ただし、挿入するためには女性器と男性器との高さを合わせなければいけません。枕や丸めたタオル、シーツなどを女性の体の下に入れて調整してください。

ベッドの高さを活かした後背位

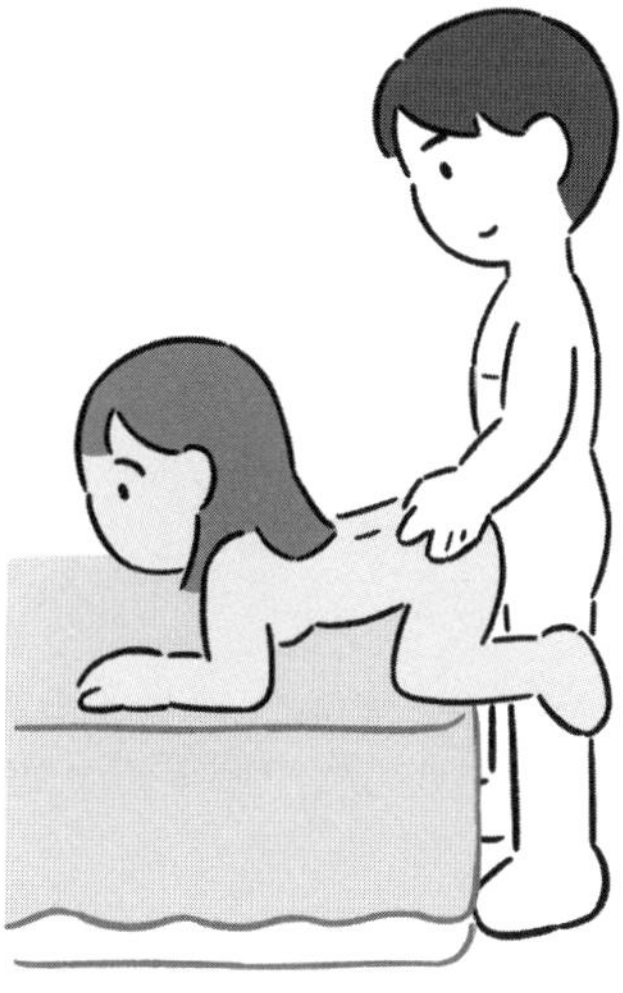

立ったまま挿入できるので男性の負担が少ない。身長差があり、腰の位置が合わずに挿入がうまく行かない人にもおすすめ

ミドルエイジに一押しの「側位」

ここまでいくつかの体位をご紹介してきましたが、実は、ミドルエイジにもっともおすすめしたい体位が「側位」です。

側位は男女ともに横になった状態で挿入するスタイルですが、正常位や後背位と比べるとあまり知られていない体位です。しかし、実はとても体への負担が少なく、しかも満足度が高い体位でもあるのです。

側位では男女が一緒に横向きになり、男性が女性に後ろから挿入します。後背位のまま横倒しになった姿勢、と表現してもいいでしょう。女性が軽く脚を曲げると男性が挿入しやすくなります。

側位が楽なのは、**男性も女性も横倒しになった状態で挿入するため自分の体重を支えなくていい**からです。また、**横向きなので腰のアーチが潰れず、腰痛の心配もいりません。**

もちろん関節にも優しいでしょう。男性があまり腰を動かす必要がないのもいい点です。

また、男女がぴったりと密着できるのも他の体位にはない側位の強みです。男性の両手が白由になるため、挿入と同時に女性の全身を愛撫することもできます。

側位

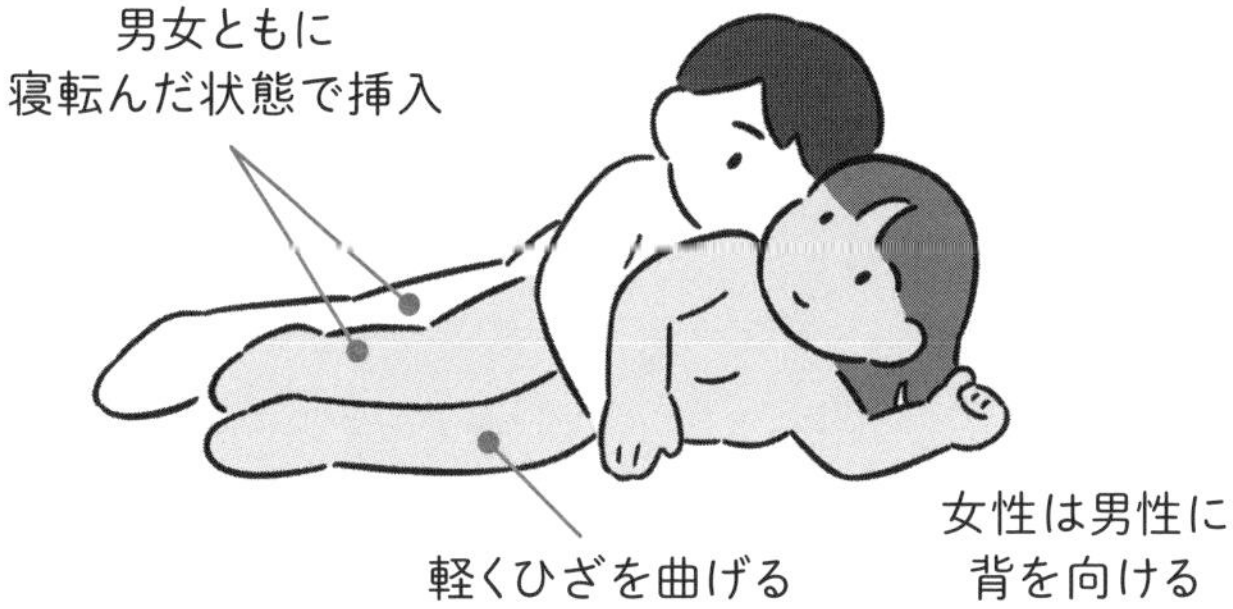
男女ともに
寝転んだ状態で挿入
軽くひざを曲げる
女性は男性に
背を向ける

密着度が高く、Gスポットに当たりやすい体位。男性は両手が自由になるので挿入しながら女性の性感帯を刺激しやすい。腰が振りづらいため長時間挿入を続けやすい

前側位

側位の向かい合わせになった体位。抱き合ったり愛撫し合ったりキスしたりなどの愛情表現がしやすい

側位の女性の足の位置

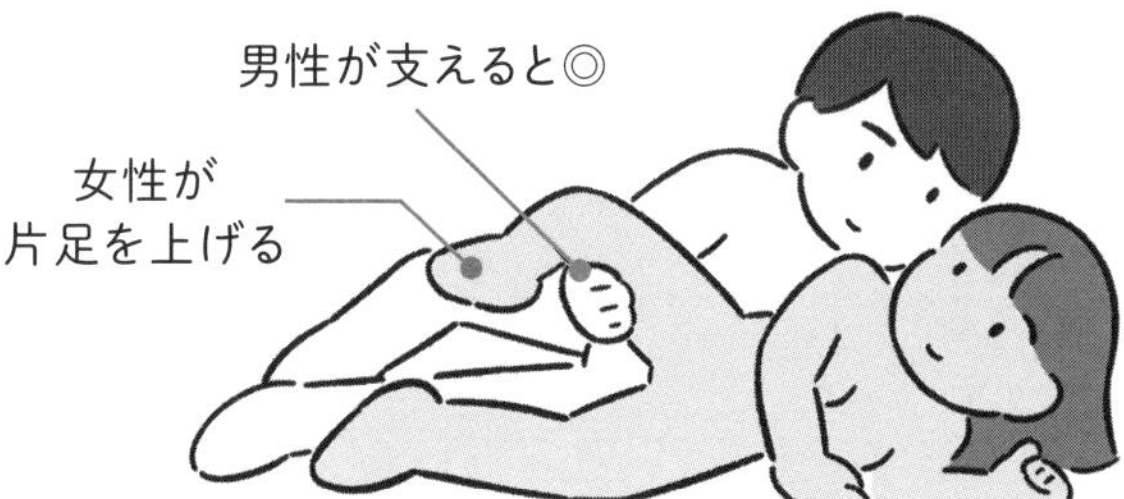
男性が支えると◎
女性が
片足を上げる

他の体位に比べ挿入しにくく抜けやすいが、女性が片足を軽く上げることで挿入しやすくなる

体位を変えてマンネリ防止

ここまで大きく、正常位、騎乗位、後背位、側位の四つをご紹介しました。

どの体位が向いているかは、お二人の体がどこにトラブルを抱えているかで変わってくるでしょう。

例えば男性の腰に痛みがある場合は正常位は難しくなりますし、女性の関節や腰に弱点があるなら騎乗位は避けたほうがいいでしょう。やはり女性にとっても男性にとってももっとも負担が小さいのは側位だと言えそうです。

これまでのセックスでは正常位ばかりで、騎乗位や後背位はあまり経験したことがない方も少なくないかもしれません。実際、いろいろな体位を試すカップルは少なく、正常位ばかりに偏りがちだという話も聞きます。

しかし同じ体位ばかりではマンネリ化し、満足度が低下しかねません。しかも正常位は実はかなり負担が大きい体位なので、セックス離れの原因になる恐れもあります。

図も参考にして、お二人にぴったりな体位を探してみてください。

セックスは射精では終わらない

挿入を経て男性が射精に至ったとしても、セックスはそれでは終わりません。むしろその後が大事です。

P74のグラフにあるように、女性よりも男性のほうが性的な興奮が引くのが早いため、射精後には男女で興奮度の差が生じます。これは生理現象として仕方のないことではありますが、**男性は射精後にさっさと休んだりはせず、女性に寄り添ってキスをしたり愛撫を続けたほうがいい**でしょう。

ピロートークも怠ってはいけません。愛撫をする気分でなければ、お茶を持ってきたり話をするだけでも意味があります。

射精後の男性はかなりの疲労に襲われますが、それをわかっていても、そこでスパッとセックスを終えられてしまうと、女性は「自分は単なる性欲のはけ口なのだろうか」という悲しさや孤独感に襲われてしまいます。

男女ともにセックスの直後に一種の抑うつのような状態が生まれやすいとする研究もあ

ります。男性が射精後に無気力になることを「賢者タイム」などと呼んだりしますが、実は女性にも同じことが起こりえるのです。でも、セックス直後の女性が少しセンシティブになり、ときにはネガティブな気持ちになりやすいことは男性にはあまり知られていません。セックスの後に寂しいと感じることが続いたら、できれば男性の「賢者タイム」以外のときを見計らって、あなたの気持ちを伝えてみてください。相手を責める伝え方は避け、「終わった後も抱きしめ合って眠りたいな」「セックスの後に声をかけてくれると幸せな気持ちになる」など、ポジティブな言葉にすると相手にも伝わりやすいかもしれません。

セックス後のアフターケアは二人の関係を良好にすることも知られています。※**逆に、ケアをおろそかにすると二人の関係が壊れることもありえるということです。**

セックスでは膣の防御力が落ちる

女性はセックス後にはそのまま寝ないで、一度排尿し、できればシャワーを浴びて性器を清潔にしてください。これは指での愛撫、オーラルセックス、挿入などによって膀胱炎などの原因になる菌が女性器に侵入することがあるためです。女性は男性よりも尿道が短いため、感染症にも気を遣った方がいいでしょう。もし菌が入ってきたとしても排尿によって感染率を下げられるというデータがあります。

また、セックスの後にすぐショーツを身に着けると性器が蒸れてしまい、カンジダ症を引き起こすカンジダ菌が増殖するリスクがあります。

カンジダ菌は健康な女性の性器や皮膚にも生息していますが、膣内は雑菌に対抗するため酸性になっているので、カンジダ菌が繁殖しにくい状態になっています。

しかし、膣内が酸性のままでは精子を殺してしまうため、実はセックスのときの膣は少しだけ酸性の度合いを弱くし、中性に偏ります。また、男性の精液も酸に負けないよう若干アルカリ性に偏っているため、コンドームを装着しないで射精すると膣内をさらにアルカリ性の方向に向かわせます。

つまりセックスのときの膣はわずかにカンジダ菌や大腸菌への抵抗力が落ちており、カンジダ膣炎や細菌性膣症、膀胱炎になりやすくなるのです。

その意味でもシャワーを含めセックス後の女性器のケアは大切です。もちろん、セックスの前にも、デリケートな性器に触れ合う準備としてシャワーを浴びられればベストです。最低でも手洗いはしてくださいね。

産婦人科医 mama女医ちえこ
人気セレクション3

チャンネル登録数15万人を超える
ママ女医ちえこ先生の
人気YouTubeチャンネルから、
再生回数が特に多かった選りすぐり動画の
内容をシェアします。
さらにディープなお話は
ぜひYouTubeチャンネルでご覧ください。

知られざるGスポットの謎

Gスポットの「G」って何だろう?

そんな素朴な疑問をもった人もいるのではないでしょうか。

意味深にも感じるかもしれませんが、実はこの「G」は、Gスポットを発見したドイツ人医師「エルンスト・グレフェンベルク」の頭文字から来ています。

グレフェンベルク医師は1950年に、膣の前壁の尿道に沿った部分は性感が強いという論文を発表しました※。1980年代ごろにこの論文が再注目され、「Gスポット」についての知識が一般にも広まっていきました。サザンオールスターズの歌でこの名称を知ったという人もいるかもしれませんね。

このＧスポットの性感には個人差があるということは既にお伝えしましたが、どれくらいの差があるのか、さらに詳しくお伝えしたいと思います。

膣と隣り合う尿道部分には、海綿体組織と腺組織が集中していて、性的に興奮すると血流が高まり膨らみます。男性でいう「前立腺」の構造に似ています。この部分が、ちょうどＧスポットに当たります。

この組織の位置は個人差がとても大きく、よく言われる「膣内部3～4cm」の部分に存在する女性は約10%程度という調査結果があります。意外と少ないと感じるかもしれません。

約66%の女性はこの組織が尿道口付近（膣前壁の入り口付近）に密集、約10%の女性が膀胱の尿道開口部（膣内部3～4cm）に密集、その他の女性は尿道全体に分布しているという調査結果も出ています。約8%の女性は、組織がそもそも未発達、つまり特別敏感ではないということです。

Ｇスポットは膣内部3～4cmと言われることが多いですが、やみくもにこの部分を刺激しても、人によって感じ方は異なるということが分かっていただけると思います。

ピンポイントで敏感な人もいれば、膣前壁がまんべんなく気持ちいい人もいます。膣口に近い部分が感じやすい方も多いです。性的な興奮が高まるにつれて膨らんでくる気持ちいいポイントを、楽しみながら探してみるといいでしょう。

もっとも、女性の性感帯はＧスポットだけではありませんので、Ｇスポットだけにこだわらず、いろんなスポットを開拓して性生活を楽しんでいただきたいなと思います。

第8章

性を
自分のものとして
楽しむために

✦✦✦ 性器にソープは使わない

心身の加齢と同じように、性器も歳を重ねます。セックスを楽しむために必要なケアも変わってきます。

第2章にも書きましたが、**加齢とともに女性ホルモンの一種であるエストロゲンが減少し、膣が乾きやすく、また硬くなってきます。すると炎症などのトラブルが起きやすくなります**から、ひどい場合はエストロゲンクリームなどで対処してください。

日常的なケアは、**お風呂やシャワーのときにしっかりと洗う**ことです。ただし石鹸やボディソープを使ってはいけません。ほとんどの石鹸やボディソープはアルカリ寄りなので、膣の防御力を下げてしまう恐れがあります。また、膣の健康を維持するための常在菌（フローラ）を乱してしまうリスクもあります。

もしソープを使いたい場合は、デリケートゾーン専用のソープを使うのがおすすめですが、基本的にはお湯で大丈夫です。

女性のデリケートゾーンの洗い方

基本的にお湯でしっかり洗えばOK。においなどが気になる場合は
石鹸やボディソープではなく、必ずデリケートゾーン専用のソープを使用すること。
しっかり泡立て、汚れが溜まりやすいヒダの部分も
優しく開いて指の腹で洗う。ゴシゴシと力を入れたり、膣内まで洗うのはNG

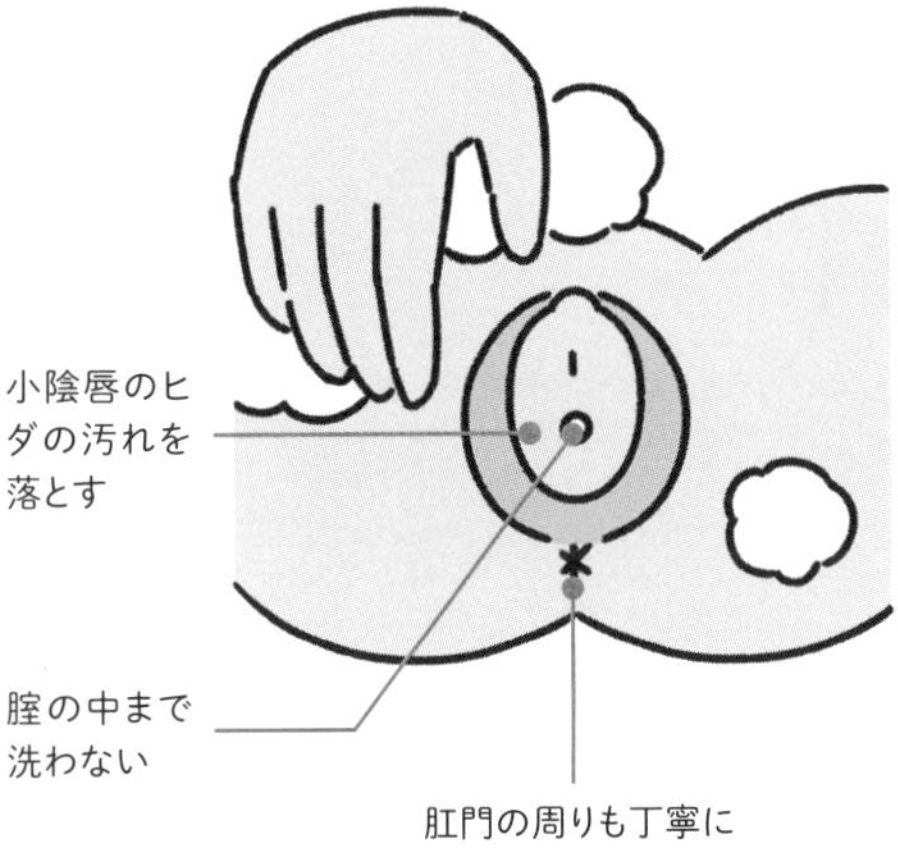
小陰唇のヒダの汚れを落とす
膣の中まで洗わない
肛門の周りも丁寧に

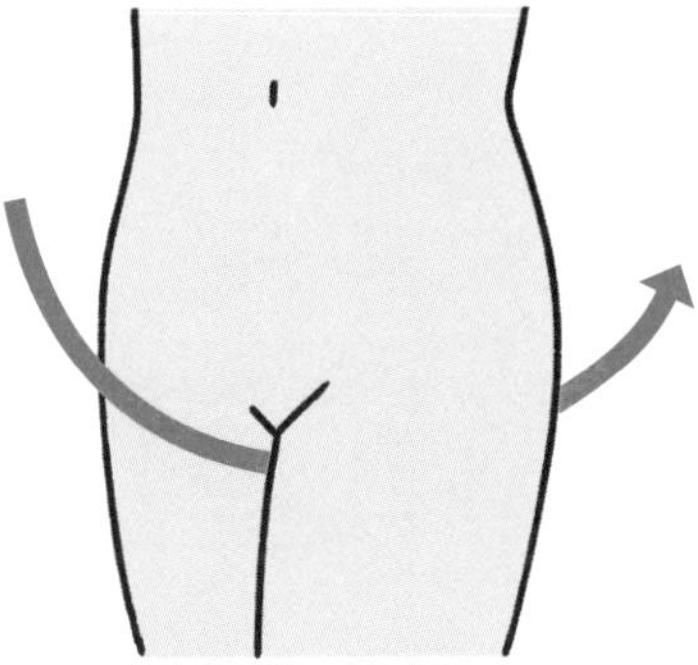

必ず腹部側からお尻に向かって洗う。お尻から手前に向かって洗うと、肛門付近にある様々な菌が膣内に侵入し、炎症をおこす危険性がある

指の腹で優しく性器を洗います。女性器の皮膚は顔の皮膚以上に繊細なので、ゴシゴシと力を入れてこするのは禁物です。40～50代以降になると恥垢や分泌物による汚れは減るため、排泄物の残りをそっと洗い流すくらいのイメージです。

なお、重大な注意点ですが、**膣の中を洗ってはいけません。**膣内はとても繊細な場所です。デリケートゾーン用のソープも膣内には対応していないため使わないでください。**乾燥しやすいミドルエイジの性器には保湿も必要です。**洗い終わったらやさしく水気をぬぐい、デリケートゾーン専用の保湿剤を塗ってください。一昔前までは珍しかったデリケートゾーン用の保湿剤も近年は増えてき

男性のデリケートゾーンの洗い方

男性器も基本的にお湯で優しく洗えばOK。
皮の余った所に汚れが溜まりやすいのでしっかり包皮を下ろして洗う

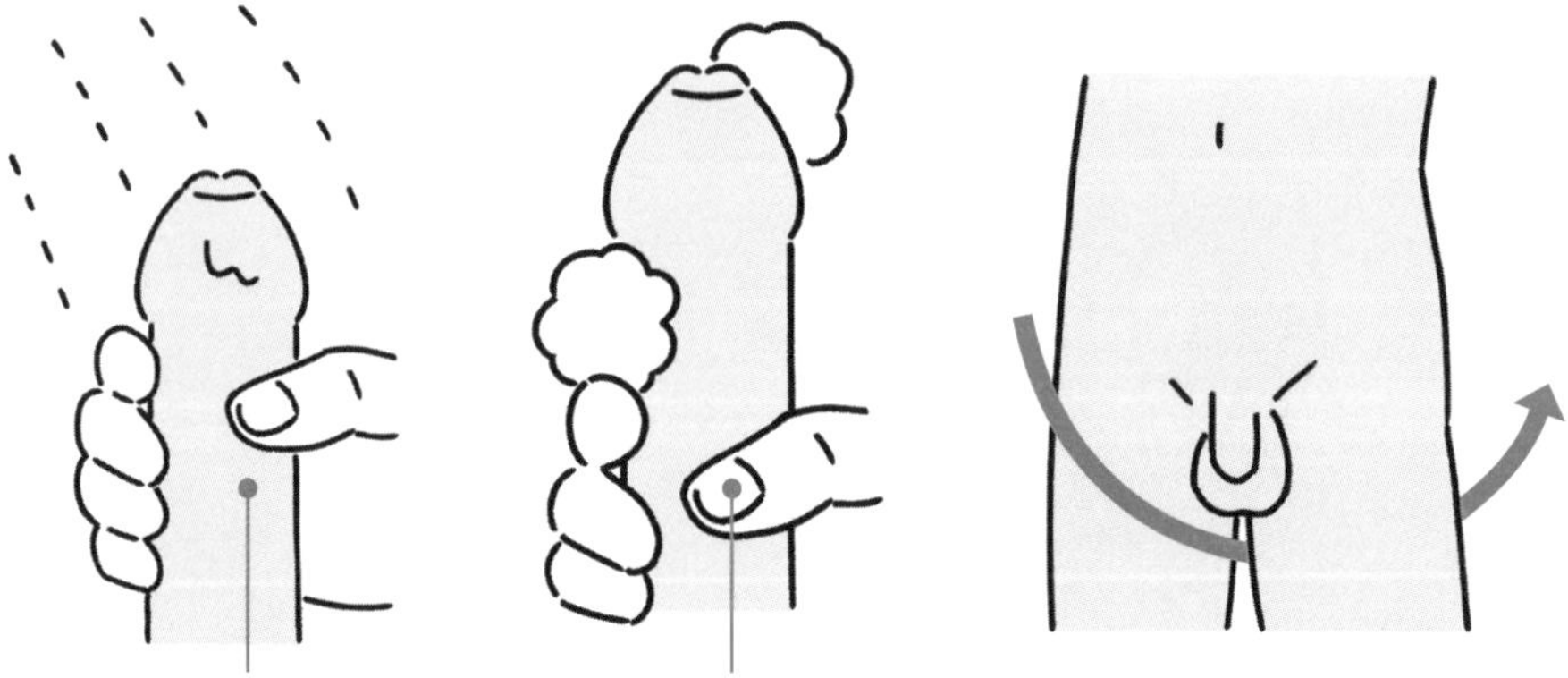

1 お湯で汚れを落とし、包皮を下ろす

2 必要な場合はデリケートゾーン用のソープをしっかり泡立て、優しく指の腹で包皮と亀頭の間や陰茎を洗う

3 陰嚢、精巣、精巣の付け根も丁寧に洗う。肛門の周りも忘れずに。このとき必ず腹部側からお尻に向かって洗う。洗い終わったらしっかりお湯で流し、包皮を戻す

ました。敏感肌の方向けに、アルコール不使用のものもあります。

なお、男性器も女性器と同じようにお湯で優しく洗ってください。加齢とともに皮がたるみやすくなり、もともと仮性包茎が多い日本人男性の性器は汚れが溜まりやすくなります。若いころ以上にしっかりと洗いましょう。

✦✦✦ 陰毛をケアする人も増えている

ところで、皆さんは陰毛のケアはされていますか？　近年は日本でも陰毛を処理する習慣が広がっており、そこにも世代差があるかもしれません。

私は医師として陰毛のケア、具体的には**陰毛を短くしてボリュームを減らす**ことをおすすめしています。

陰毛は、少なくとも医学的には、現代人に不要です。逆に陰毛があると蒸れますし、排泄物などの汚れが溜まりやすくなり、においの原因にもなりますね。パートナーが陰毛のない性器に抵抗を持っているといったケースを除き、**陰毛を残すメリットはとくにない**と言えます。もっとも、パートナーがいやがったとしても、自分の体のことは自分で決めるものであり、他人に決められるものではありません。**自分が快適に過ごせること**を最優先に考えて差し支えないでしょう。

陰毛のケアは、きれいさっぱりなくしてしまう方法と、トリマーなどで短く刈り揃える方法があります。

はじめは短くするだけのほうが、自分で処理できますし、抵抗感はないかもしれません。具体的には、**トリマーや女性用の顔そりシェーバーで陰毛を短くすればOK。**２㎝の陰毛を１㎝にするだけでもボリュームは半減し、においや蒸れはかなり改善されるでしょう。

カミソリなどを使って綺麗に剃る方法もありますが、伸びてきたときに違和感を覚えやすいですし、デリケートな性器に直接刃を当てることにはケガや炎症、肌荒れのリスクがあります。まずは長さを揃えるだけで十分です。ただし、短すぎるとチクチクする場合があるので、快適な長さを探ってみてください。

思い切って永久脱毛（医療脱毛）をしてしまう手もあります。

実際、最近は50～60代の女性でも陰毛を脱毛するケースが増えています。将来的に介護を受ける際に介護者の負担を減らすための「介護脱毛」という考え方もあるようです。加齢とともに陰毛も薄くなる傾向があるため、過度に介護者の負担を気にする必要はありませんが、介護されることを見据え脱毛したほうがご自身にとって心身の快適度が高まるなら、検討する価値はあるでしょう。

ちなみに、永久脱毛（医療脱毛）のほかにも、痛みが少なくお手軽な光脱毛もありますが、いずれも**メラニン色素に反応する脱毛方法のため白髪に対しては使えません。**陰毛も加齢とともに白髪化しますから、脱毛をするなら陰毛が黒いうちに脱毛をはじめることをおすすめします。

他にも、ブラジリアンワックスを使用した脱毛方法や、毛抜きを使った自己処理をする方もいますが、おすすめしません。こうした脱毛法は毛穴や皮膚へのダメージが大きく、傷口から雑菌が侵入し増殖したり、炎症を起こしてしまったりするケースもあるためです。毛根からの脱毛を希望するなら、医療脱毛か光脱毛を選びましょう。

下半身の若さを保つ骨盤底筋トレーニング

歳を重ねると筋力が衰えるように、性器の周辺の筋力も弱っていきます。

第１章で少し触れましたが、セックスに関連する重要な筋肉に**「骨盤底筋」**があります。骨盤底筋は文字通り骨盤の底を覆うように存在し、お尻をきゅっと引き締めたり、排泄を我慢するときに意識しやすい筋肉です。女性のオーガズムのときに収縮するのも骨盤底筋ですし、いわゆる膣の「締まり」にも関係するでしょう。

骨盤底筋トレーニング

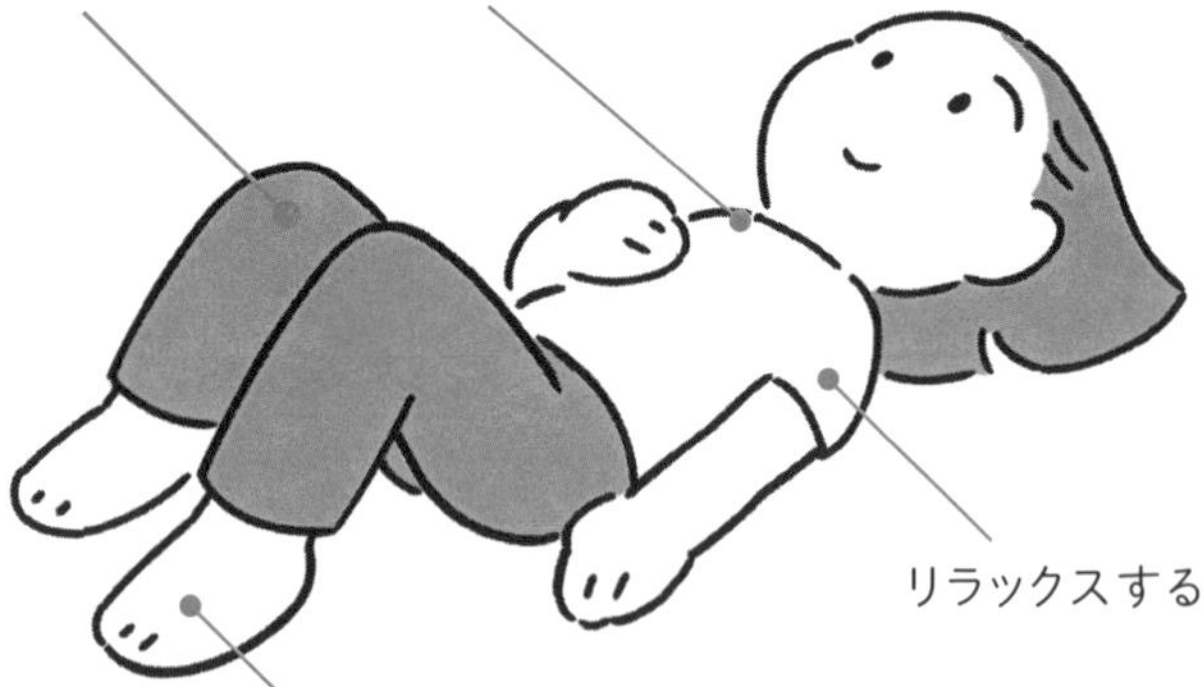
両膝を曲げる
仰向けに寝る
リラックスする
足は肩幅に開く

1 仰向けになる

2 5秒間、膣をきゅっと締め上げる

3 力を抜いてリラックス

→2と3を10回繰り返す

この骨盤底筋は加齢や出産経験とともに衰えていきます。女性が尿漏れや頻尿に悩まされるのも骨盤底筋が弱り、尿道を締めることができなくなるから。他にもお尻がだらんと垂れ下がるなど、骨盤底筋の衰えは様々な部位や機能に影響をもたらします。

しかし骨盤底筋も筋肉である以上、トレーニングで鍛えることができます。日常に取り入れやすいトレーニングをご紹介します。

仰向けになり、5秒間ほど骨盤底筋をぎゅっと締めつけます。排泄を我慢するときのように、肛門、尿道、そして膣の全体を締めあげるイメージです。

5秒が過ぎたら力を抜いてしばらくリラックス。そしてまた5秒間力を入れます。1サイクルに1分ほどかけて1日に10回ほど繰り返してください。

寝る前に簡単にできるシンプルなトレーニングですが、1か月で約3割の方が、2か月以上続けると約6割もの方が尿漏れの改善を実感できるという効果の大きなトレーニングです。「膣トレ」という呼び方も定着しているようです。男性にとっても、骨盤底筋トレーニングを行うことで排尿後の尿もれや、ＥＤの改善が得られるという報告もあり、一緒に取り組んでみるのもおすすめですね！

トレーニングのためのグッズもいろいろと作られています。中にはスマホと連動したユニークなものもあります。

膣トレ（インナーボール）

膣の中に挿入して使用するタイプ。膣にボールを入れた状態で力を加え引き締める

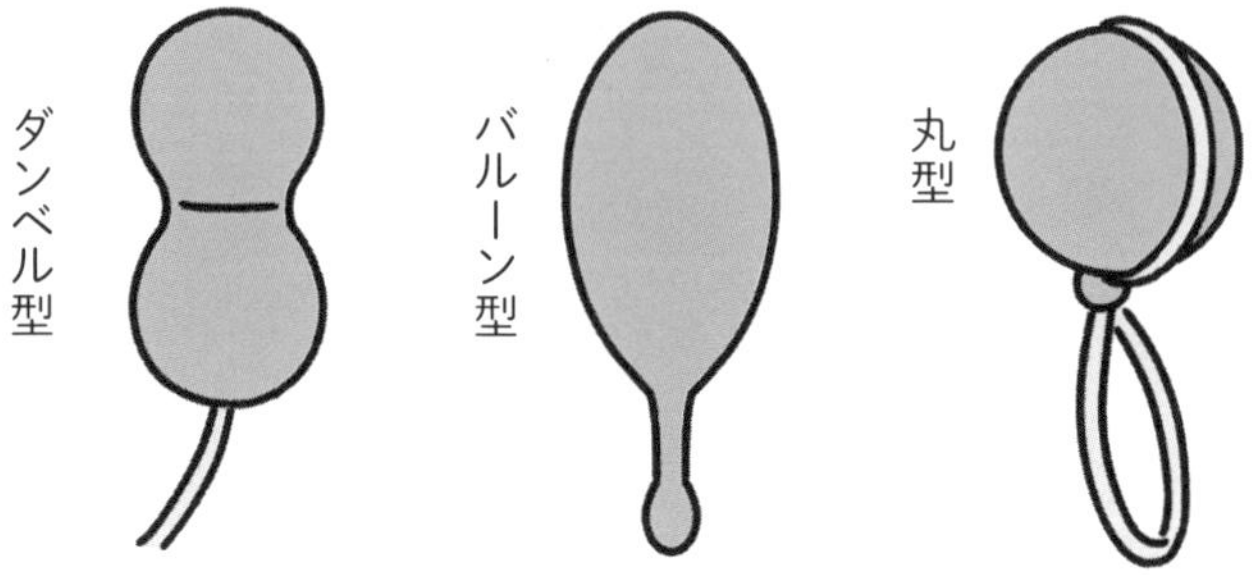
ダンベル型
バルーン型
丸型

膣トレ（スマホ連動型）

スマホアプリと連動するタイプ。アプリのアナウンスに従ってタイミングよく力を入れたり、引き締め続けたりするなど、ゲーム感覚で鍛えることができる

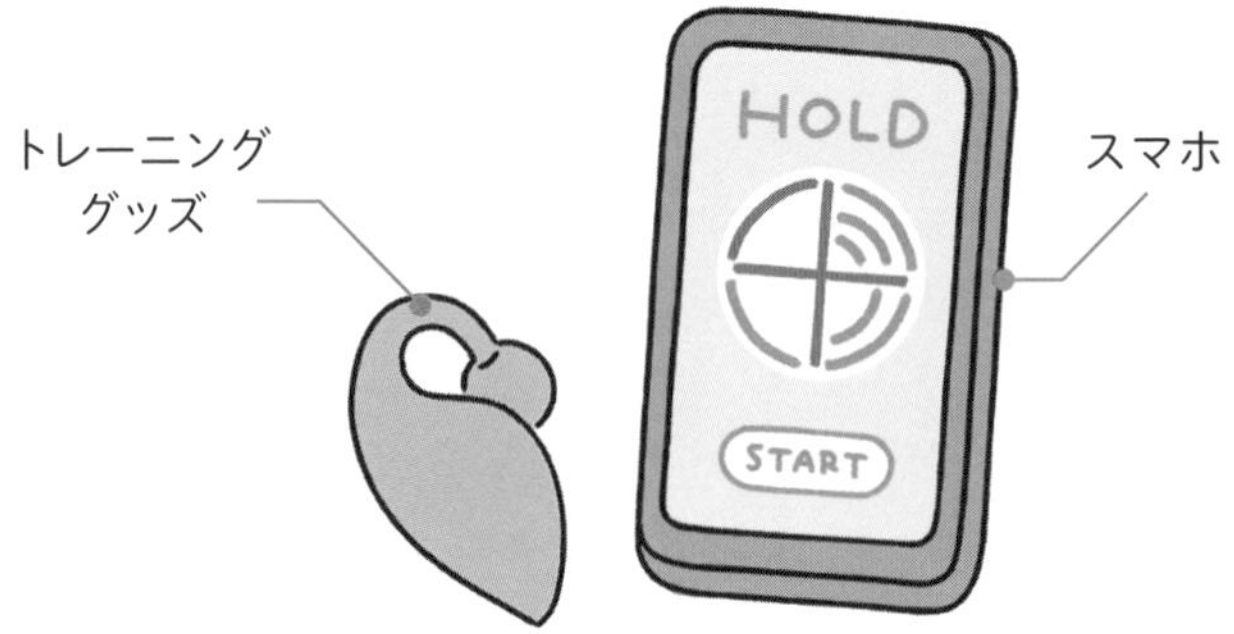
トレーニンググッズ
HOLD
START
スマホ

膣トレ（足に挟む）

太ももに挟んで使用するタイプ。テレビやスマホを見ながらトレーニングできる

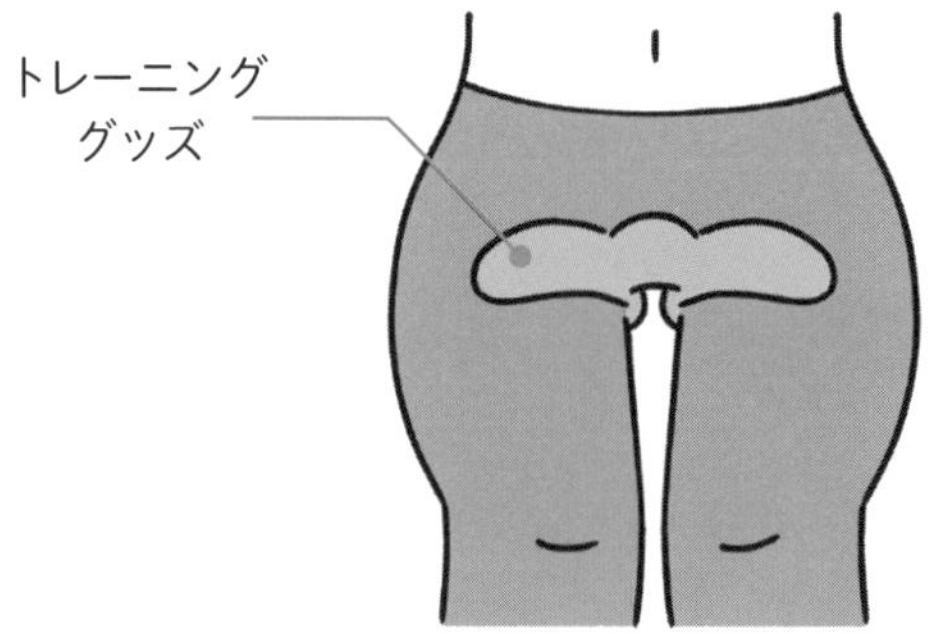
トレーニンググッズ

様々な臓器と関係する骨盤底筋のトレーニングは、簡単なのに効果が大きいため、ミドルエイジにはおすすめです。

性を楽しむことは良好な関係づくりから

本書ではここまで、性の基礎知識にはじまり、セルフプレジャーやセックスなど、ミドルエイジが性を楽しむ具体的な知識や方法をお伝えしてきました。

でも、まだ十分にお伝えできていないとても重要なことがあります。それは、パートナーとの良い関係づくりです。

セックスには相手が必要です。その多くは日常生活を共にするパートナーでしょう。つまりセックスは日常の延長でもあります。

いくら性についての知識を身につけても、パートナーとの関係が悪ければ活かす機会はやってこないでしょう。性を楽しむことはパートナーとの関係作りからはじまります。このことは本書でも繰り返しお伝えしてきました。

しかし残念ながら、日本の女性の多くはパートナーとの関係作りに苦しんでいるようです。私は産婦人科医として日々、女性たちと接していますが、「パートナーに悩みを打ち明けられない」という方がとても多いのです。

「性交痛があるけれど言い出せない」「萎縮性膣炎にかかったので潤滑剤を使いたいが、パートナーに遠慮してしまう」といった悩みを打ち明けられることもしばしばです。

本書でも、これまで何度か「あなたの気持ちをパートナーに伝えてみてください」とお伝えしてきましたが、その難しさは私もよく承知しています。特に性にまつわることは、普段のコミュニケーション以上に困難をともなうものです。

そういうとき、私はよく**「『産婦人科の医師に潤滑剤を使うように言われた』とパートナーに伝えてください」**とアドバイスします。自分では言いづらいことを、医師である私の口を借りる形で伝えるということです。

自分の体のことなのですから、**本来ならば女性が自ら決定し、自分の言葉でパートナーに伝えることが望ましい**ですし、パートナーもそれを受け入れる関係性が理想です。しかし、性に関する話を長らくタブー視してきた日本では、こと中高年においてはそういった会話が成立しづらいことも事実です。その打開策として「医師からの指導」という体をとるのは、悪くないのではないでしょうか。

夫婦間でも性犯罪が成り立つ

残念ながら性について消極的になってしまうのは若い女性でもよく見られますが、ミドルエイジ以上では特に深刻かもしれません。女性の権利や自由は、かつては今ほど認められていなかったからです。

日本では性的なことがらを隠そうとする傾向があります。中でも、セックスには両者の同意が必要だとする、いわゆる「性的同意」は言葉にするのは野暮だ、といった風潮もありました。「いやよいやよも好きのうち」という言葉があるように、女性が言葉によって拒否することを軽視する考え方も蔓延していました。

しかし2023年には性犯罪関連の法律が改正され、それまでの強制性交等罪が「不同意性交等罪」になりました。相手の同意がない状態、あるいは、同意を表明できない状態（相手が泥酔していたり、社会的地位を利用して性行為を迫ることなども含む）で性行為に及ぶと不同意性交等罪や「不同意わいせつ罪」に相当します。そして、夫婦間でもこれらの法律が適用されることが明記されました。つまり、夫婦の間でも一方が「イヤだ」と感じている状況で性行為に及ぶのは犯罪になりえるということです。

もちろんこの法律は男女ともに適用されるものであり、男性の同意なく性行為に及べば女性が罪に問われることもありえます。それでも、この動きは、これまで軽視されてきた女性の権利を強化し、女性が性についても主体的に決定することを後押しするものだと言っても過言ではないでしょう。

一方で、これは裏を返せば、**性に関することも言葉にし、相手に伝えることを女性も求められるということです。**

セックスをしたいかどうかは体調や気分に左右されます。長年連れ添ったパートナーとの間でも、「したい」気分が同時に訪れるとは限りません。

そんなときに勇気を持って「ちょっと今は……」と伝えることは、**パートナーとの対等な関係**を維持するために必要です。「今日はキスだけにしたい」「頭が痛いから週末にしよう」など、言葉にして具体的に確認や提案することが女性にも求められる時代になったのです。

セックスは日常のコミュニケーションから

ただし、実際は手をつなぐ、ハグする、キスするなどすべての行為についてその都度言葉で確認し、同意を得るのは現実的ではないとも考えられます。セックスや愛情表現では言葉にならない、非言語コミュニケーションが大切であることも事実でしょう。

それは、言葉なしでも相手の感情やコンディションがある程度読み取れるくらいの関係を作ることが大事、ということに繋がります。心から信頼し合っている二人ならば、例えば手をつなぎたいときにいちいち言葉で確かめる必要はないでしょう。とはいえやはり、**「相手もきっとそう思っている」という思い込みが本当にないか、双方が十分に相手の気持ちや状態に寄り添うことが大前提**となることは、肝に銘じたいところです。

そう考えると当然、普段から良好な関係が築けていないのに、セックスのときだけ同意を取り付けようとしても無理があります。**性的同意の大切さは、二人の良い関係の延長にある**ことをお分かりいただけると思います。

すれ違いはその都度修正する

どんなに対等な関係を築けていても、必ずすれ違いが出てくることもあるはずです。これは普段のコミュニケーションでも、性に関しても同じです。

そのときに重要なのは、**「すれ違いは必ず生まれるもの」**という前提を持っておくことではないでしょうか。「すれ違いは生まれない」という思い込みがあると、相手の気持ちや状態に寄り添うことができず、対等で良好な関係を阻害します。

そして、**すれ違いを見て見ぬふりをしない**こと。ちょっとしたヒビも、時間が経つと大きな亀裂になり修復が難しくなることもありえます。

とくに性的なことを話題にするのもためらう方も多いため、すれ違いを修正することなく放置してしまう方も多いでしょう。それがセックスレスをはじめとした性についての悩みを引き起こしていると思います。

すれ違いや違和感を覚えたら、どんな小さなことでも話し合う習慣を持ってください。性的同意以前の問題として、普段のコミュニケーションでこそ大きな意味を持ちます。

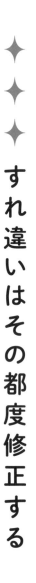

✦✦✦ アイメッセージが大切

私は、具体的なコミュニケーション方法として**「アイメッセージ」**をおすすめします。アイメッセージとは「Ｉ」すなわち「私」を主語にして「私は○○○したい」「私は▽▽は嫌かな」と**自分の気持ちを伝える**方法です。

アイメッセージは、なるべく相手を傷つけることなく意図を伝えることができます。対極にある「ユーメッセージ」と比べるとよくわかるでしょう。「あなた」を主語にするユーメッセージだと「あなたは○○をすべきだ」「あなたの▽▽がイヤだ」と、ストレートな命令や非難のニュアンスが出てくるため、とてもきつい印象で伝わります。とくに性についてのユーメッセージは、二人の関係に致命的なダメージを与えかねません。

性の話題はセンシティブだからこそ相手とコミュニケーションをとることを怠ってしまいがちですが、それが大きな別れ道になります。普段から**相手を思いやるアイメッセージを用いたコミュニケーションで対等で良好な関係を築き、違和感をその都度解消するよう**

にすれば、性に関するすれ違いも埋めることができるでしょう。

もし、長年セックスレスの状態にあるなどパートナーとの性関係が途絶えてしまっている場合は、いきなり性についてのコミュニケーションをとろうとは思わず、二人だけの時間を作ることからはじめてください。

日本では子どものことを最優先にする価値観が強く根付いているため、夫婦が子どもと一緒に寝ることが多いので、子どもの誕生をきっかけにセックスレスになる夫婦は少なくありません。

そんなカップルは、まずは子どもがいなかったころのように二人だけで出かけるなど、二人の時間を作ってみましょう。セックスは日常の関係の延長線上にあるものですから、二人の時間を持つことこそがセックスレス解消の最初の一歩になるでしょう。

ミドルエイジこそ本当に気持ちいいセックスを

最後にもう一度。

医師としてお伝えしておくと、ミドルエイジ以上の年齢であっても、セックスをすることは心身の健康にとって「とてもいい」ことです。

セックスは幸せホルモンの分泌を助け、女性をみずみずしく保ってくれます。セックスが健康に寄与することもお伝えしてきました。年を重ねたからこそ、勢いだけのセックスから脱却し、パートナーとともに本当の快感を追求することもできるでしょう。

そのためには、自分自身を解放し、自分に対しても、パートナーに対しても、あなたの素直な気持ちを大切にしましょう。

セックスはとても甘美なものです。卑猥ではないと言えば嘘になるかもしれません。けれど、決して恥ずべきものではありません。美容のためのセックス。健康のためのセックス。それも素敵なことですが、**「もっと気持ちいいセックスをしたい」**というあなたの気持ちも、大切にしてください。

現在セックスレスのカップルも、関係を保てているカップルも、ミドルエイジだからこそ「本当に気持ちいいセックス」を楽しむために、何よりご自身を大切にしてあげてほしいと思います。

おわりに

「性を知ること」ではじめの一歩を踏み出す

私がYouTubeに「ママ女医ちえこチャンネル」を開設したのは、世の中の女性たちに性の知識と情報が足りないと感じているためです。

普段の診察でも知識と情報を伝えるように心がけていますが、時間が限られますし、なによりも一度の診察で一人の女性にしか話ができません。

私の伝えたいことは実はとてもシンプルです。

それは、「自分の体なのだから男性任せにせず、自分で知っておこう」ということに尽きます。

自分の体なのに、性器のことはなんとなく話題にしづらいし、鏡で見たこともない。触れるのは男性だけ。
それはおかしいと思いませんか？

原因は日本社会に女性の性を覆い隠そうとする雰囲気があることだと思います。

女性が性について大っぴらに話すのははしたない、というわけです。

でも、それは日本の伝統ではありません。

江戸時代までは女性も男性もオープンに性を楽しんでいたともいわれますから、明治時代以降の近代欧米諸国の価値観の影響を受けただけとも考えられます。

その欧米諸国も女性の主体性を重んじ、性をオープンにする方向に変わってきています。

女性たちが自分たちの権利を主張し、正当に行使する動きも強まってきました。

欧米諸国だけではなく、お隣の韓国などでもその機運は高まりつつあります。
日本の女性だけがいつまでも奥手である必要はないのです。

ミドルエイジの女性にとっては性について一歩踏み出すことは勇気がいるかもしれません。
たしかに知識も情報もないのにオープンに振る舞うのは難しいですよね。

でも最初の一歩は小さなものでいいのです。
そしてそれは、自分の体についての知識を身につけることからはじまるのではないでしょうか。

本書が、日本の女性たちが性をポジティブにとらえ、一生、性を楽しむきっかけになることを祈っています。

ママ女医ちえこ

出典・参考文献

P015 ※ Holly N Thomas, Rachel Hess, Rebecca C Thurston“Correlates of Sexual Activity and Satisfaction in Midlife and Older Women”. The Annals of Family Medicine,13 (4) 336-342 (2015) . DOI: https://doi.org/10.1370/afm.1820

※ Buczak-Stec, E., König, HH. & Hajek, A. “The link between sexual satisfaction and subjective well-being: a longitudinal perspective based on the German Ageing Survey”. Qual Life Res 28, 3025–3035 (2019). DOI: https://doi.org/10.1007/s11136-019-02235-4

P018 ※ Cao, C., Yang, L., Xu, T., Cavazos-Rehg, P. A., Liu, Q., McDermott, D., Veronese, N., Waldhoer, T., Ilie, P. C., Shariat, S. F., & Smith, L. “Trends in Sexual Activity and Associations With All-Cause and Cause-Specific Mortality Among US Adults”. *The journal of sexual medicine*, 17(10), 1903–1913. (2020).DOI:https: //doi.org/10.1016/j.jsxm.2020.05.028

※ Michael Joseph Blaha, M.D., M.P.H. “Is Sex Dangerous If You Have Heart Disease?” .Johns Hopkins Medicine. https://www.hopkinsmedicine.org/health/wellness-and-prevention/is-sex-dangerous-if-you-have-heart-disease

※ Yoon, S., Kim, YK. “The Role of the Oxytocin System in Anxiety Disorders”. Experimental Medicine and Biology, vol 1191. Springer, Singapore. (2020) .DIO: https://doi.org/10.1007/978-981-32-9705-0_7

P019 ※ Jian, Z., Ye, D., Chen, Y., Li, H., & Wang, K. “Sexual Activity and Risk of Prostate Cancer: A Dose-Response Meta-Analysis”. *The journal of sexual medicine*, 15(9), 1300–1309.(2018).DOI:https://doi.org/10.1016/j.jsxm.2018.07.004

※ Hayley Wright, Rebecca A. Jenks, “Sex on the brain! Associations between sexual activity and cognitive function in older age” . Age and Ageing, Volume 45, Issue 2, 313–317. (2016) . DIO: https://doi.org/10.1093/ageing/afv197

P036 ※ Alexander, M. G., & Fisher, T. D. “Truth and consequences: using the bogus pipeline to examine sex differences in self-reported sexuality”. *Journal of sex research, 40*(1), 27–35. (2003). DIO: https://doi.org/10.1080/00224490309552164

P041 ※ Chua Chee Ann “A proposal for a radical new sex therapy technique for the management of vasocongestive and orgasmic dysfunction in women”. The AFE Zone Stimulation Technique, Sexual and Marital Therapy, 12:4, 357-370, (1997). DOI: https://doi.org/10.1080/02674659708408179

P042 ※ Younis, Ihab & Fattah, Menhaabdel & Maamoun, Marwa. “Female hot spots: extragenital erogenous zones” . Human Andrology. 6. 20-26. (2016) . DIO: https://doi.org/10.1097/01.XHA.0000481142.54302.08

P043 ※ iroha. “「快楽解体新書　女性の身体のナカとソト」特別記事 ～オーガズムって何?～”. 1200名の女性を対象に調査した「みんなのオーガズム事情」. 2018-9-14. https://iroha-tenga.com/contents/iroha_story/752

P053 ※ 厚生労働省. “令和3年度衛生行政報告例の概況”. 人工中絶件数の年次推移. 2023-1-19. https://www.mhlw.go.jp/toukei/saikin/hw/eisei_houkoku/21/dl/gaikyo.pdf,

P084 ※ ellison et, al. 2000

※ evans & couch et, al. 2001

P092 ※ Qi, L., Iskols, M., Handler, A., & Ginty, D. D. “Krause corpuscles of the genitalia are vibrotactile sensors required for normal sexual behavior” . bioRxiv : the preprint server for biology. (2023) . DOI: https://doi.org/10.1101/2023.06.14.545006

P115 ※ Linda Weiner. Sensate Focus in Sex Therapy. (2017). London:Routledge

P165 ※ Milan Zaviacic 原著、林田昇平 訳. 日本性科学大系IV 女性前立腺. フリープレス. 2003. 29-30.

ママ女医 ちえこ

現役産婦人科医師として婦人科診療を行うかたわら、登録者数15万人を超えるYouTubeチャンネルを運営。4児の母。第二子出産後、夫の転勤のための転居先で保育園が見つからず、社会復帰できないことによる喪失感から一念発起。2020年から産婦人科医師の専門性を生かし、産婦人科の内容を中心に視聴者の健やかで楽しい人生に役立つような医療情報を配信中。

YouTube
https://www.youtube.com/@mama_joy_chieko

X（旧Twitter）
https://twitter.com/mamajoy_chieko

Instagram
https://www.instagram.com/mamajoychieko

執筆協力　佐藤喬
デザイン　阿部早紀子
イラスト　イケマリコ
校正　鷗来堂
編集　本田真穂

女医が教える
大人の性の教科書

2024年5月1日　初版第1刷発行

著者　ママ女医ちえこ
発行人　廣瀬和二
発行所　株式会社 日東書院本社
〒113-0033
東京都文京区本郷1-33-13 春日町ビル5F
TEL　03-5931-5930(代表)
FAX　03-6386-3087(販売部)
https://tg-net.co.jp
印刷・製本　図書印刷株式会社

ISBN978-4-528-02442-7 C2077

辰巳出版グループの 女性の健康を応援する本

「調子いい!」がずーっと続く カラダの使い方帖

木野村朱美 著　日東書院本社

脳に間違ってインプットされてしまった骨と筋肉の役割を、正しいものに書き換えるだけ!　運動も、がんばることもいっさいなし。読むだけでも変わる!　今、注目のアレクサンダー・テクニークをわかりやすいイラストで解説する、女性のためのカラダと心のメンテナンス帖。

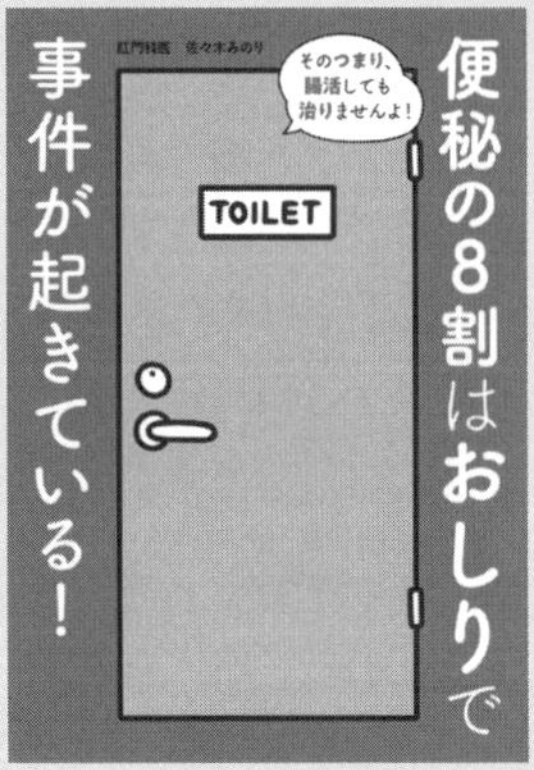

便秘の8割は おしりで事件が起きている!

佐々木みのり 著　日東書院本社

「便秘外来を受診したけれど治らない」「腸活しているのに治らない」……。さまよえる便秘難民たちに今、何が起こっているのか。10万人以上の便秘難民を診てきた肛門科医が送る「出口の便秘」の初の指南書です。便秘で悩む人の8割以上が該当する「出口の便秘」の実態と解決方法が分かります。

一生モノの 生理とからだの取り扱い大全

保健師めぐみ 著　日東書院本社

「生理のお悩みアドバイザー」保健師めぐみが、人には聞きづらい、病院に行くかどうか迷いがちな生理とからだの悩みにズバリ回答。初経、セックス、妊娠、PMS、子宮の病気、更年期に至るまで、生理や子宮のことで悩んでいるすべての人に、温かく寄り添います。初経を迎える女の子のママにも!

ぼくたちが知っておきたい 生理のこと

博多大吉、産婦人科医 高尾美穂 著　辰巳出版

女性の生理について男性が知る意味とは?　女性の健康課題を社会全体で考えるのは「女性優遇」なのか?漫才コンビ博多華丸・大吉の博多大吉さんとNHK「あさイチ」でおなじみの産婦人科医・高尾美穂先生の対話から、「誰もが生きやすい、やさしい社会」のヒントが見えてきました。